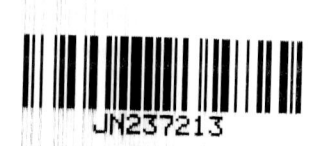

食費が減る
おかず BEST 500

食費が減るおかずBEST500

CONTENTS

レシピ番号つきで使いやすい

Part 1 8大節約食材の大ヒットおかず

レシピNO

豚こまぎれ肉の人気おかず

鶏胸肉の人気おかず

豚ひき肉の人気おかず

とうふの人気おかず

厚揚げの人気おかず

ちくわの人気おかず

卵の人気おかず

もやしの人気おかず

Part 2 肉が主役の満足おかず

レシピNO

ひき肉のおかず

豚肉のおかず

Part 3 魚介が主役のごちそうおかず

Part 4 卵・大豆製品が主役のおかず

レシピNO

Part 5 缶詰め・ねり物・乾物のおかず

レシピNO

缶詰めのおかず

ねり物のおかず

乾物のおかず

Part 6 野菜のおかず

レシピNO

大根

キャベツ

白菜

ほうれんそう・小松菜

トマト

Part 7 小さなおかず

Part 8 ごはん、めん、汁もの

Part 1

スーパーの特売で見かけたら
まとめ買いして使いきる！

8大節約食材の大ヒットおかず

食費を減らすスタートラインは、ふだんから値段が安く、
特売になりやすい「節約食材」を使いこなし＆使いきること。
８大食材のおかずをくり返し作ることからまず始めましょう。
味はもちろん、ボリューム感たっぷりで
「作ってよかった！」と思えるレシピぞろい。

- 豚こまぎれ肉の人気おかず
- 鶏胸肉の人気おかず
- 豚ひき肉の人気おかず
- とうふの人気おかず
- 厚揚げの人気おかず
- ちくわの人気おかず
- 卵の人気おかず
- もやしの人気おかず

8大
節約食材

豚肉の中でもダントツに
安く、少量でもうまみが

豚こまぎれ肉の人気おかず

切り落としで売っている豚こまは、安いのにコクも味わいも豊かで大人気の節約食材。もやし、じゃがいも、トマト、にらなど、どんな野菜とも合わせられるところもうれしい!

揚げ衣&のせたもやしで
WボリュームUP

レシピ 1

豚肉のカリカリ揚げ ゆでもやしのっけ

材料（4人分）
豚こまぎれ肉（切り落とし肉でも）250g　もやし1袋　にんじん、ピーマンのせん切り各少々　A（酒大さじ½　しょうゆ大さじ1　おろしにんにく少々）　B（酢小さじ2　塩、こしょう各少々　ごま油小さじ1）かたくり粉、揚げ油各適量

作り方

1. もやしはさっとゆでて湯をきり、熱いうちにBを順に加え、にんじん、ピーマンも加えてまぜておく。
2. 豚肉にAをもみこんで下味をつけ、一切れずつ広げてかたくり粉をしっかりとまぶしつける。
3. 揚げ油を170～180度に熱し、カリカリになるまで揚げる。
4. 油をきって器に盛り、①を盛る。（検見﨑）

53円

献立ヒント
レシピ381＋レシピ530

レシピ2

豚こま&せん切りポテトの一口カツ

カツとコロッケが1品で楽しめる

59円

献立ヒント レシピ406+レシピ371

材料（4人分）
豚こまぎれ肉200g　じゃがいも2個　トマト（大）1個　A（塩小さじ¼　こしょう少々　オリーブ油大さじ1　砂糖小さじ¼）　塩小さじ¼　こしょう少々　小麦粉大さじ1　とき卵、パン粉、揚げ油各適量

作り方

❶トマトは1cm角に切ってボウルに入れ、Aを順に加えてまぜ、なじませておく。
❷別のボウルに豚肉を入れて、塩、こしょうを振り、スライサー（なければ包丁）でじゃがいもをせん切りにして加えていく。
❸ ②に小麦粉を加えてよくまぜ、12等分にして形をととのえ、とき卵、パン粉の順に衣をつける。
❹フライパンに揚げ油を170～180度に熱し、③をカラリと揚げる。
❺油をきって器に盛りつけ、あればクレソンを添えて、①をかける。（検見﨑）

味つけも材料もシンプルがいちばん

80円

献立ヒント レシピ268+レシピ531

レシピ3

シンプルゴーヤチャンプルー

材料（4人分）
豚こまぎれ肉250g　卵2個　ゴーヤ1本　A（しょうが汁1かけ分　塩、こしょう各少々）　B（チキンスープのもと、こぶ茶各小さじ1）　塩、こしょう各適量　削り節（小）1袋　サラダ油、酒各大さじ1

作り方

❶豚肉はAで下味をつける。卵はといて、塩、こしょう各少々をまぜる。
❷ゴーヤはへたをとって縦半分に切り、わたと種をスプーンなどでかき出す。5mm厚さに切ったらボウルに入れ、塩小さじ½をまぶして10分おく。水けをしぼったら、流水ですすいで苦味抜きする。
❸ フライパンにサラダ油を熱し、豚肉を中火でいためる。肉の色が変わってきたら酒を振り、②も加えてざっとまぜる。さらにBを加え、まんべんなくいため、しんなりしてきたら、塩、こしょう各適量で味をととのえる。仕上げにとき卵を回し入れ、好みのかたさになったら火を止め、器に盛り、削り節を振る。（栗山）

レシピ 4

豚こまと卵の甘辛煮

材料（4人分）
豚こまぎれ肉200g　ゆで卵4個　さやいんげん適量　A（にんにく1かけ　しょうがの薄切り2枚　砂糖大さじ1　しょうゆ大さじ2）

作り方
❶ゆで卵は殻をむく。Aのにんにくは縦半分に切る。
❷なべに豚肉、ゆで卵、A、水1カップを入れて強火にかけ、煮立ったらアクをとり、中火で10分ほど煮る。
❸別のなべでいんげんを塩ゆでし、食べやすい長さに切る。
❹器に②と③を盛る。（瀬尾）

こまぎれ肉なら激早で
こっくり煮込める

安い豚こまを広げて
厚い1枚肉に大変身

レシピ 5

豚こまのソテー かぶおろしソース

材料（4人分）
豚こまぎれ肉300g　かぶ3個　かぶの葉3個分　A（わさび、しょうゆ各小さじ1　おろしにんにく小さじ⅓　ポン酢じょうゆ大さじ4）　塩、こしょう各適量　小麦粉小さじ4　サラダ油大さじ2

作り方
❶かぶは皮つきのまますりおろし、軽く水けをきる。葉は4㎝長さに切り、塩小さじ1をまぶして5分おく。
❷豚肉に塩、こしょう各少々、小麦粉をもみ込み、4等分にして手で押さえ広げ、それぞれ1枚の肉にする。
❸フライパンにサラダ油大さじ1を熱し、水けをしぼったかぶの葉をいため、塩、こしょう各少々をして器に盛る。
❹③のフライパンに残りのサラダ油を足して熱し、②を入れて両面をこんがりと焼き、③に盛る。
❺豚肉に①のおろしたかぶをのせ、よくまぜたAをかける。（小林）

レシピ6

豚肉とトマトのガーリックソテー

オリーブ油でいためた
イタリアンなサブおかず

材料（4人分）
豚こまぎれ肉80g　トマト2個　にんにくの薄切り1かけ分　オリーブ油、白ワイン<または酒>、しょうゆ各小さじ2
塩、こしょう各適量

作り方

❶豚肉に塩、こしょう各少々を振っておく。トマトはへたをとってくし形切りにする。
❷フライパンにオリーブ油とにんにくを入れて弱火にかけ、香りが立ってきたら中火にして豚肉を加える。
❸肉の色が変わったらワインを振り、トマトも加えてトマトの角がとれてくるくらいまでいためる。しょうゆを回しかけ、塩、こしょうで味をととのえる。器に盛り、あればパセリを飾る。（栗山）

にらの香ばしいソースで
食欲もアップ

レシピ7

ゆで豚のにらソース

材料（4人分）
豚こまぎれ肉100g　にら$\frac{1}{3}$束　A（酒、みりん各大さじ1　砂糖小さじ2）　しょうゆ大さじ2

作り方

❶ボウルにAを入れて電子レンジで10秒加熱し、砂糖をよくとかしたら、しょうゆもまぜておく。
❷にらは小口切りにして①のボウルに入れ、10分なじませる（一晩でもOK）。にらをひたす時間が長くなるほど、とろみが増す。
❸なべに湯を沸かし、豚肉をゆで、ざるに上げる。器に盛り、②をかける。（栗山）

激安＆カロリー控えめで、
ヘルシーおかず派にも人気

8大
節約食材

鶏胸肉の人気おかず

食べごたえがあって、安い鶏胸肉。多少パサつきがありますが、酒や小麦粉をまぶすとしっとりします。いため物、煮物はもちろんのこと、蒸し鶏のボリュームサラダも人気です。

巻く具をかえれば
バリエが広がる！

レシピ 8

オクラなすチキンロール

材料（4人分）
鶏胸肉2枚　オクラ4本　なす1個　A(しょうが汁大さじ1　しょうゆ大さじ2)　塩小さじ½　小麦粉適量　サラダ油大さじ1

12円

献立ヒント
レシピ258＋レシピ531

作り方

1. オクラはへたをとる。なすはへたをとって縦に4等分し、水洗いして水けをふく。鶏肉は切り開いて厚みを均一にし、すりこ木などで軽くたたいてのばし、塩を振り、皮目を下にしておく。
2. 鶏肉に小麦粉を薄く振ってから、なすとオクラを芯にしてしっかりと巻き、ようじでとめる。
3. フライパンにサラダ油を中火で熱し、②を入れて蓋をし、ときどき返しながら20分ほど焼く。
4. 蓋をとってAを加え、強火にして汁けがなくなるまで煮詰める。
5. 熱いうちにようじを抜き、あら熱がとれたら切り分ける。（夏梅）

レシピ 9

鶏胸肉と小松菜のクリーム煮

淡泊な胸肉とまろやかなクリームが相性抜群

材料（4人分）
鶏胸肉2枚　小松菜½束　玉ねぎ1個　白ワイン¼カップ　固形スープ½個　生クリーム1カップ　塩、こしょう各適量　バター、オリーブ油各大さじ1

作り方

❶鶏肉は半分にそぎ切りにして、塩、こしょうをする。小松菜は根元を落とし、5㎝長さに切る。玉ねぎは薄切りにする。

❷フライパンにオリーブ油、バターを熱し、鶏肉を入れて中火で焼く。表面に焼き色がついたらとり出す。

❸玉ねぎを入れてしんなりとするまでいためる。②を戻し入れて、白ワインを加えてひと煮立ちさせる。

❹③に水½カップと固形スープをくずし入れ、煮立ったら生クリームを加える。⅔量程度に煮詰まったところで小松菜を加え、塩、こしょうで味をととのえる。（平野）

レシピ 10

鶏肉のせん切りポテトフライ

材料（4人分）
鶏胸肉（大）1枚　じゃがいも3～4個　サニーレタス4枚　A（マヨネーズ大さじ2　トマトケチャップ、牛乳各小さじ2）　塩、こしょう各少々　小麦粉適量　サラダ油大さじ4

作り方

❶鶏肉は薄いそぎ切りにし、塩、こしょうを振り、小麦粉を薄くはたく。

❷じゃがいもはスライサーなどで細いせん切りにする。

❸フライパンにサラダ油を熱し、①に②をつけて中火で両面焼く。サニーレタスをちぎって添え、Aをまぜてかける。（今泉）

レシピ 11

鶏肉とトマトのイタリアンソテー

トマトの酸みとチーズのコクをからませて

材料（4人分）
鶏胸肉2枚　トマト（小）2個　玉ねぎ½個　ピザ用チーズ50g　塩適量　あらびき黒こしょう少々　オリーブ油大さじ1½

作り方

❶トマトはへたをとり、8等分のくし形に切る。玉ねぎは芯を除いて、横半分に切って5mm厚さに切る。
❷鶏肉は3cm幅に切り、一口大のそぎ切りにし、塩小さじ½を振る。
❸フライパンにオリーブ油を中火で熱し、②の両面を少し焼き色がつくまで焼き、玉ねぎを加えてしんなりするまでいためる。
❹トマトとチーズをのせ、蓋をして弱火で5分蒸し焼きにし、チーズがとけたら火を止め、塩、こしょうで味をととのえる。（夏梅）

シャキシャキ大根を加えて食べごたえアップ

レシピ 12

鶏胸肉と大根のペペロンチーノ風

材料（4人分）
鶏胸肉1枚　大根¼本　にんにく1〜2かけ　赤とうがらし1本　塩、こしょう各適量　オリーブ油大さじ1

作り方

❶鶏肉は一口大のそぎ切りにし、塩、こしょうを振る。
❷大根は太めのせん切りに、葉は小口切りにして塩少々を振ってもみ、汁けをしぼる。
❸フライパンにオリーブ油、薄切りにしたにんにく、種をとって小口切りにした赤とうがらしを加えて火にかけ、鶏肉を加えていためる。
❹全体に色づいてきたら②を加えてざっといため、塩、こしょうで味をととのえる。（森）

レシピ 13

鶏肉と桜えびの塩いため

材料（4人分）
鶏胸肉2枚　万能ねぎ1束　桜えび10g　A（酒大さじ1　塩大さじ⅓）　B（酒大さじ1　塩少々）　サラダ油大さじ1

作り方

❶鶏肉は大きめの一口大にそぎ切りにし、Aをもみ込む。

❷万能ねぎは4cm長さに切る。

❸フライパンにサラダ油を熱して中火にし、①を並べて上下を返しながら2〜3分、火が通るまで焼く。

❹桜えびとBを振り入れ、②も加えて、やや火を強めて30秒ほどいため合わせ火を止める。（重信）

桜えびの香りとだしが味のキメ手に

蒸した鶏肉で満足感のあるサブおかずに

レシピ 14

蒸し鶏とセロリのサラダ

材料（4人分）
鶏胸肉1枚　セロリ1本　A（マヨネーズ大さじ2　めんつゆ大さじ1）　塩、こしょう各少々　酒大さじ2　もみのり適量

作り方

❶鶏肉を耐熱皿にのせ、塩、こしょうを振り、酒を回しかける。ラップをして電子レンジで3分半〜4分加熱し、細く裂いてボウルに入れる。

❷セロリは斜め薄切りにし、葉はこまかく刻んで①に加える。まぜ合わせたAであえ、もみのりを加える。（坂田）

形を丸くととのえて
レンジでチン！で完成

レシピ 15

皮なし簡単シューマイ

材料（4人分）
豚ひき肉300g　木綿どうふ1丁
A（かたくり粉、酒各大さじ2　ごま油、しょうゆ各大さじ½）　ねりがらし、サラダ油各適量

作り方

❶ひき肉とAをボウルに入れ、よくねりまぜる。
❷とうふを半量ずつに分けて、さらし（またはじょうぶなタイプのペーパータオル）に包み、水けをしっかりしぼって①のボウルに加える。残りのとうふも同様にして加え、全体をよくまぜ16等分にする。
❸②を丸めて中央を平らに押さえ、サラダ油を薄く塗った耐熱皿に並べる。軽くラップをかけ、肉汁が透明になるまで、電子レンジで7〜8分加熱する（途中で一度とり出して、内側と外側を入れかえると、加熱ムラが防げる）。ねりがらしをのせ、あれば好みで酢じょうゆをつけても。（重信）

60円

献立ヒント　レシピ330＋レシピ420

8大節約食材

形も味も自由自在。まとめ買いして小分け保存を

豚ひき肉の人気おかず

ひき肉の中でも値段が安いわりに、コクやうまみがたっぷりの豚ひき肉。丸めたり、ポロポロのそぼろにしたり、いろんな形で楽しめる使い勝手のよさも人気の秘訣です。

節約食材 ■ 豚ひき肉

肉だねに好みの野菜をのせてクルッと巻いて

レシピ16

夏野菜のロールバーグ

材料（4人分）
A（豚ひき肉300g　玉ねぎのみじん切り（小）½個分　卵1個　塩小さじ⅔　こしょう少々）とうもろこし1本　グリーンアスパラガス1束　にんじん½本　スライスチーズ4枚

作り方
❶とうもろこしはラップに包んで電子レンジで2分30秒、裏返して2分加熱し、実をほぐす。アスパラガスは2cm長さに切り、にんじんは3cm長さのせん切りにする。
❷Aをボウルに合わせてよくまぜる。
❸ラップ（幅約30cm）を20cm長さに切って広げ、Aの半量をのせる。ラップの周囲3cm～4cmを残し、長方形に平らに伸ばす。スライスチーズ2枚、①の野菜半量を順にのせ、のり巻き状に巻いて両端を折る。同様にもう1本作る。
❹耐熱皿にのせ電子レンジで4分、裏返して4分加熱する。あら熱がとれたらラップをかけ直して形をととのえ、食べやすく切り分ける。（夏梅）

レシピ17

ごぼう入りポークつくね

材料（4人分）
豚ひき肉400g　ごぼう150g（約½本分）　A（酒大さじ2　かたくり粉大さじ1　しょうゆ小さじ1　塩小さじ⅓）　B（しょうゆ、みりん各大さじ1½）　サラダ油大さじ1　青のり適量

作り方
❶ごぼうは洗い、ささがきにして、水に5分ほどさらしておく。
❷ボウルにひき肉とAを入れてねりまぜ、①の水けをペーパータオルなどでよく押さえてから加える。全体をまぜて12等分にし、小判形に形をととのえる。
❸フライパンにサラダ油を熱して②を並べ入れ、弱めの中火で2～3分焼き、裏返してさらに2分ほど焼く。
❹脂が多く出てきたらペーパータオルなどで吸いとる。Bを注ぎ、ほとんど汁けがなくなるまで煮からめる。器に盛り、青のりを振る。（重信）

ごぼうのかさましでボリューム倍増

甘じょっぱい肉みそが
くせになりそう

68
円

材料（4人分）
豚ひき肉150g　なす4個　パプリカ（赤）1個　ピーマン2個　ねぎ½本　しょうが1かけ　A（砂糖、みそ各大さじ3　だし¼カップ）　酒大さじ2　揚げ油適量

作り方
❶ねぎとしょうがは、それぞれみじん切りにする。
❷なべにひき肉を入れ、酒を加えてよくまぜ、中火にかける。まぜながら火を通し、①を加える。
❸②にAを加えてよくまぜ、ほとんど汁けがなくなるまで煮詰める。
❹なすは縦4つ割りに、パプリカ、ピーマンは長めの乱切りにする。
❺フライパンに揚げ油を170～180度に熱し、④をこんがりと揚げ、油をきって盛りつけ、③をかける。（検見﨑）

レシピ 18
揚げなすとパプリカの肉みそがけ

シンプルな味つけで
素材のうまみを生かす

レシピ 19
ひき肉とキャベツのビーフン

材料（4人分）
豚ひき肉200g　キャベツ¼個　ビーフン（乾燥）200g　にんにくのみじん切り1かけ分　A（塩小さじ½　こしょう少々　オイスターソース小さじ1）　サラダ油大さじ2

作り方
❶キャベツは細切りにする。
❷ビーフンは熱湯に5分くらいつけてもどす。ざるに上げて湯をきり、食べやすい長さに切る。
❸フライパンにサラダ油を熱し、中火でにんにくとひき肉をいため、肉がポロポロになったら①を加えていためる。
❹キャベツの色が鮮やかになったらAで調味し、②を加え、菜箸でほぐすようにいためる。全体に味がなじんだら火を止め、器に盛る。（検見﨑）

50
円

シャキシャキ野菜に
トロリとしたあんが◎

レシピ 20

にらともやしのひき肉あん

材料（4人分）
豚ひき肉150g　干ししいたけ3枚　にら1束　もやし1袋　A（鶏がらスープのもと大さじ½　しょうゆ大さじ2　酒大さじ1　砂糖小さじ1）　B（かたくり粉小さじ2　水大さじ1）　サラダ油少々

作り方
❶干ししいたけはもどしてみじん切りにする。
❷フライパンにサラダ油を熱し、ひき肉を色が変わるまでいためる。①と水1/2カップ、Aを加え、汁けが少なくなったら、Bの水どきかたくり粉でかためにとろみをつける。
❸にらは4～5㎝長さに切り、もやしとともにいためて器に盛り、②をかける。（松田）

肉だんごから出たうまみ
たっぷりのスープが美味

レシピ 21

プチだんごと水菜の中華スープ

材料（4人分）
豚ひき肉100g　水菜50g　A（酒、かたくり粉各小さじ1　しょうゆ小さじ½　こしょう少々）　B（水4カップ　ごま油、鶏がらスープのもと各小さじ1　塩小さじ⅔）

作り方
❶ボウルに、ひき肉とAを入れてねりまぜる。
❷なべにBを煮立て、①を1㎝強くらいの小さいだんごにして加え入れ、火が通るまで2分ほど煮る。
❸アクが出たらすくい、3㎝長さに切った水菜を加えて一煮し、すぐ火を止める。（重信）

8大
節約食材

卵と並んで、安くて
ヘルシーなタンパク質源

とうふの人気おかず

「4人分にはちょっと足りないかな?」と思う量でも、安いとうふを合わせればメインおかずに。肉のかわりになり、とうふならではのやさしい口当たりも楽しめるおかずが人気。

レシピ22

とうふの鶏だんごの煮物

とうふたっぷりで
やさしい口当たり

52円

献立ヒント
レシピ389＋レシピ531

材料（4人分）
木綿どうふ1丁　鶏ひき肉200g　絹さや5枚　ねぎのみじん切り½本分　卵1個　かたくり粉大さじ2　A（だしまたは水3カップ　しょうゆ大さじ3　みりん大さじ4）　B（かたくり粉小さじ2　水小さじ2）

作り方
❶とうふは水けをきり、手でつぶす。
❷ボウルに①のとうふ、ひき肉、ねぎ、卵、かたくり粉を入れてムラなくまぜ、12等分して丸める。
❸なべにAを入れ、煮立てる。②を入れ、煮汁がなべ底から4㎝くらいになるまで煮る。Bの水どきかたくり粉でとろみをつける。
❹器に盛り、塩ゆでにして斜めに切った絹さやを散らす。（小林）

レシピ 23

とうふと野菜の雷いため

ピリ辛の味つけで
ごはんが進む

材料（4人分）
木綿どうふ1丁　ピーマン、赤ピーマン各1個　しめじ1パック　ねぎ15cm　しょうがのみじん切り少々　焼き肉のたれ（中辛）大さじ2½　豆板醤小さじ1　塩少々　ごま油大さじ1½

作り方

❶とうふはペーパータオルではさんで、両手でギュッと押して水けをきり、大きめにくずす。ピーマンと赤ピーマンはわたと種をとって1cm角に切り、しめじは小房に分け、ざく切りにする。ねぎは1cm幅の小口切りにする。

❷フライパンにごま油を熱してしょうがをいため、①の野菜を入れて、塩を加えていため合わせる。①のとうふも加えて、くずしながらいためる。豆板醤を加えまぜ、なべ肌から焼き肉のたれを加えてざっといため合わせる。（井澤）

カレー粉プラスで
とうふの甘みが引き立つ

レシピ 24

とうふカレー風味グラタン

材料（4人分）
木綿どうふ1丁　玉ねぎ1個　ベーコン4枚　さやいんげん70g　A（薄力粉大さじ4　カレー粉小さじ1　塩小さじ½）　牛乳2½カップ　バター20g　B（こぶ茶小さじ½　しょうゆ大さじ1）　ピザ用チーズ80g　サラダ油適量

作り方

❶とうふは電子レンジで2分加熱し、重しがわりに皿をのせて15分おいて水きりする。器の大きさに合わせて8等分に切る。

❷玉ねぎは薄切りに、ベーコンは2cm幅に切る。さやいんげんは筋を除いて長さを半分に切る。

❸耐熱ボウルにAを入れて、牛乳を少しずつ加えて泡立て器でまぜる。ラップをかけて電子レンジで4分ほど加熱し、とり出してバターを加えまぜる。再び電子レンジで2分加熱し、よくまぜる。

❹サラダ油少々をフライパンに熱して、①の両面を強めの中火で焼き、Bを振って焼き、とり出す。

❺④のフライパンをさっとふき、サラダ油少々を足して、②を入れてしんなりするまでいため、③に加えまぜる。

❻耐熱性の器に⑤を適量敷き、④を並べて残りの⑤をかける。ピザ用チーズをのせて220度に熱したオーブンでこんがりと焼き色がつくまで10～15分焼く。（枝元）

厚揚げ煮も、ひき肉を詰めればメインに昇格

レシピ 25

肉だね入り厚揚げと小松菜のめんつゆ煮

53円

献立ヒント レシピ444＋レシピ410

材料（4人分）
厚揚げ2枚　豚ひき肉200g　小松菜100g　A（しょうがのすりおろし小さじ½　酒、かたくり粉各大さじ1　塩小さじ¼）　めんつゆ（3倍希釈タイプ）大さじ5　かたくり粉適量

作り方

❶厚揚げは横半分に切ってから斜めに2等分に切り、三角形のものを8個用意する。切り口のとうふ部分に包丁で切り込みを入れておく。

❷ボウルにひき肉とAを入れてねりまぜ、8等分にする。①の切り込みに薄くかたくり粉を振ってから、肉だねを詰める。

❸なべに水3カップを煮立てて②を並べ入れ、めんつゆを加える。再び煮立ったら弱火にし、4～5分煮る。

❹小松菜を5cm長さに切って③のなべに加え、しんなりするまで煮て、盛り合わせる。（重信）

8大節約食材

ボリュームもコクも満点。
水きり不要もうれしい！

厚揚げの人気おかず

そのままでもボリュームのある厚揚げですが、少量の肉や在庫野菜を組み合わせると、満足度も倍増の人気おかずに。厚揚げから出るコクもおいしさアップに貢献します。

レシピ 26

厚揚げとじゃがいもの みそチーズ焼き

大ぶりの具に甘辛味が
よくなじんでおいしい
23円

材料（4人分）
厚揚げ1枚　じゃがいも3個　A（みそ大さじ2 みりん大さじ1½　酒大さじ1 豆板醤大さじ½）　ピザ用チーズ40g
サラダ油適量

作り方

❶じゃがいもはよく洗ってラップで包み、電子レンジで3分加熱し、上下を返してさらに2～3分、竹ぐしがスッと通るまで加熱する。ラップをはずし、皮つきのままフォークであらくくずす。

❷厚揚げは熱湯をかけて油抜きして、手で食べやすい大きさにちぎる。Aはよくまぜ合わせる。

❸耐熱皿に薄くサラダ油を塗り、じゃがいも、厚揚げを入れ、Aを回しかけ、チーズを散らす。予熱したオーブントースターで5～6分焼く（途中、焦げるようならアルミホイルをかぶせる）。（重信）

10円

酢みその甘酸っぱさが
よい箸休めに

レシピ 27

厚揚げとキャベツの 酢みそあえ

材料（4人分）
厚揚げ1枚　キャベツ200g　A（みそ大さじ2　酢大さじ1　砂糖小さじ1）

作り方

❶キャベツは2～3cm角に切り、さっとゆでる。

❷厚揚げは熱湯をかけて油抜きし、食べやすくちぎる。

❸①、②を器に盛り、まぜ合わせたAをかける。（重信）

8大
節約食材

加熱しないでも食べられ
魚のうまみがたっぷり！

ちくわの人気おかず

ちくわはチーズを詰めたり、肉を巻いたり、ひと手間かけるとメインおかずに昇格。ちくわを使った煮物も人気で、サッと煮ただけでもうまみがしっかり出るので重宝します。

こんがり揚げると
ちくわのうまみが増す

レシピ 28

ちくわのチーズ詰めフライ

材料（4人分）
ちくわ4本　プロセスチーズ2cm分（50g）　A（小麦粉、水各大さじ4）
パン粉、揚げ油各適量

作り方

1. チーズは1cm角の棒状に切り、ちくわの穴に詰める。
2. ボウルにAを入れてまぜ、①をくぐらせ、パン粉をまぶす。
3. フライパンに深さ2cmくらいまで揚げ油を入れて180度に熱し、②をこんがりと揚げる。食べやすく切って器に盛る。（小林）

17円

献立ヒント
レシピ313＋レシピ417

レシピ 29

ちくわの肉巻き照り焼き

濃いめの甘辛味で
おつまみにもピッタリ

37円

献立ヒント レシピ384＋レシピ536

材料（4人分）
ちくわ4本　豚バラ薄切り肉4枚（80g）　青じそ8枚　A（しょうゆ、みりん、酒各大さじ1½）　小麦粉適量　サラダ油大さじ½

作り方

❶ちくわ、豚肉は長さを半分に切る。
❷豚肉に小麦粉をまぶして広げ、手前に青じそ1枚、ちくわ1切れをのせて巻く。計8本作る。
❸フライパンにサラダ油を熱し、②の全面をこんがりと焼き、ペーパータオルなどで余分な油をふきとり、Aを加えて全体に煮からめる。（小林）

レシピ 30

ちくわと水菜の煮びたし

さっと煮るだけでも、
ちくわのうまみがきく

14円

献立ヒント レシピ294＋レシピ530

材料（4人分）
ちくわ2本　水菜1束　A（だし1½カップ　みりん大さじ1　しょうゆ小さじ1　塩小さじ⅓）

作り方

❶ちくわは1㎝厚さに切る。水菜はざく切りにする。
❷なべにAとちくわを入れて3分ほど煮、水菜を加えて一煮立ちさせる。（平野）

8大
節約食材

卵の人気おかず

メインおかずに使いこなせば、食費ダウンは確実！

たいてい冷蔵庫にある卵は、主役にも脇役にもなれるので、いつもひっぱりだこ。「オムレツ」「半熟卵」「卵いため」も、卵のやわらかい食感が大人にも子どもにも大人気です。

レシピ 31

オープンオムレツ

蓋をして蒸し焼きにすれば火の通りも早い

44円

献立ヒント レシピ409＋レシピ514

材料（4人分）

卵6個　ピーマン2個　ウインナソーセージ100g　A（マヨネーズ大さじ1　塩小さじ½　こしょう少々）　サラダ油大さじ1½

作り方

❶ピーマンは½個分は飾り用に薄い輪切りにし、残りは種とへたを除いて1㎝角に切る。ソーセージは斜めに切り目を入れて食べやすく切る。

❷卵はボウルにときほぐしてAを加え、マヨネーズのかたまりがほぼなくなるまでよくまぜ、ピーマンも加えてまぜる。

❸フライパンにサラダ油大さじ½を熱し、ソーセージを薄く焼き色がつくまでいためてとり出す。

❹③のフライパンに残りのサラダ油を熱し、②を流し入れる。周りが固まってきたら、底から大きく木べらで3〜4回まぜ、弱火にし、平らにならして③と飾り用のピーマンを散らす。蓋をし、3〜5分ほど蒸し焼きにする。（栗山）

節約食材■卵

レシピ 32

トロリとした半熟卵を使ってソースに

ほうれんそうのにんにくソテー半熟卵のせ

材料（4人分）
卵4個　ほうれんそう1束　にんにく1かけ　塩、こしょう各少々　オリーブ油大さじ2

作り方

❶ほうれんそうは根元に十字に切り目を入れて、5㎝長さに切る。にんにくはたたいてつぶす。

❷卵は水から入れてゆで始め、沸騰してから3分ゆでて殻をむく。

❸フライパンににんにくとオリーブ油を入れて弱火で熱し、香りが立ったらほうれんそうを入れて中火でいためる。しんなりしたら塩、こしょうを振る。器に盛り、②をのせて、黄身をからめながら食べる。（藤野）

材料（4人分）
卵4個　たくあんのせん切り大さじ4　桜えび大さじ2　いり白ごま大さじ1　しょうゆ小さじ1　ごま油大さじ1

作り方

❶桜えびとごまはフライパンに入れ軽くいっておく。

❷フライパンにごま油を熱し、たくあんを強火でいためる。

❸②に、といた卵を加えて箸などで大きくかきまぜ、半熟状になったらしょうゆをたらして軽くまぜ、端に寄せる。器に盛り、①をたっぷりかける。（祐成）

たくあんのコリコリとした食感がアクセント

レシピ 33

たくあんの卵いため

8大節約食材

いつも激安だから
困ったときはもやし頼み

もやしの人気おかず

「特売野菜の王様」のもやしは、かさまし食材としても人気ナンバー1。火がすぐ通るので、調理に時間がかからないのもうれしい限り。足が早いので買ったらすぐに使うのが鉄則。

ごはんにのっけて
どんぶり風にしても

レシピ 34

豚ひき麻婆もやし

材料（4人分）
もやし1袋　豚ひき肉200g　A（ねぎのみじん切り10cm分、しょうが、にんにくのみじん切り各1かけ分）　万能ねぎの小口切り少々　豆板醤小さじ1　B（チキンスープのもと½個　湯1½カップ　砂糖、オイスターソース各小さじ½　塩、こしょう各少々）　C（かたくり粉、水各大さじ1）　ごま油大さじ1

作り方

1. フライパンにごま油を熱し、強火でAをいため、香りが出てきたらひき肉を加えていためる。肉がポロポロになったら豆板醤を加え、じっくりいためて味をなじませる。
2. Bを加え、煮立ったらもやしも加えて一煮する。Cの水どきかたくり粉を加え、とろみをつける。
3. 器に盛り、万能ねぎを散らす。（検見﨑）

51円

献立ヒント
レシピ190＋レシピ529

焼き肉のたれと
キムチのもとで簡単に

レシピ35
もやしのピリ辛いため

材料（4人分）
もやし1袋　しょうが½かけ　A（キムチのもと小さじ2　焼き肉のたれ大さじ1⅓）　サラダ油大さじ1

作り方
❶もやしは洗い、ひげ根をとる。
❷しょうがはせん切りにする。
❸フライパンにサラダ油を熱し、②をいためて香りが出たら、①を加えていためる。透明になったら、まぜ合わせたAを加えていためる。（坂田）

激安もやしをたっぷり
使ってかさまし

レシピ36
もやし入りだんごの照り焼き

材料（4人分）
もやし2袋　豚ひき肉300g　A（酒大さじ2　しょうゆ大さじ1）　B（酒、みりん、しょうゆ各大さじ2　砂糖大さじ1）　かたくり粉大さじ3　サラダ油大さじ1

作り方
❶ひき肉はボウルに入れてAを加えてまぜる。
❷別のボウルにもやしを入れてかたくり粉をまぶし、①に加えてねりまぜる。12等分して丸め、手でたたいて薄めに形をととのえる。
❸フライパンにサラダ油の半量を熱して②の半量を並べ、両面を焼きつけていったんとり出す。残りを同様に焼く。
❹フライパンにとり出した③を戻し、蓋をして弱火で3分ほど蒸し焼きにする。Bを加え、フライパンを揺すりながら煮からめる。（大庭）

レシピ **37**

もやしとツナの春巻き

材料（4人分）
もやし1袋（250g）　ツナ缶（小）2缶（120g）　ザーサイ(味つき)50g　春巻きの皮8枚　A（チキンスープのもと½個　湯1カップ　オイスターソース小さじ½　塩、こしょう各少々）　豆板醤、ねりがらし、酢じょうゆ各適量　かたくり粉、サラダ油各大さじ1　小麦粉、揚げ油各適量

作り方

❶ツナは缶汁をきってほぐす。ザーサイは細切りにする。
❷フライパンにサラダ油を熱し、強火でもやしをいため、①を加えてさっといためる。Aを加えてよくまぜ、煮立ったら倍量の水でといたかたくり粉でとろみをつける。
❸②を冷まして8等分する。春巻きの皮で包み、巻き終わりに倍量の水でといた小麦粉を塗り、しっかりとめる。
❹フライパンに③がかぶるくらいの揚げ油を入れて180度に熱し、③を揚げてから器に盛り、豆板醤やねりがらし、酢じょうゆなどを添える。（検見﨑）

具にしっかりとろみを
つけておくのがコツ

カレー風味とよく合う
もやしが主役の汁物

レシピ **38**

もやしのカレースープ

材料（4人分）
もやし½袋　豚こまぎれ肉100g　玉ねぎ½個　グリンピース½カップ　卵1個　にんにく1かけ　カレー粉大さじ1　固形スープ1個　塩、こしょう各適量　サラダ油小さじ2

作り方

❶豚肉は1㎝幅に切って塩、こしょうを振る。にんにくはみじん切りにする。玉ねぎはくし形に切る。
❷なべにサラダ油を熱し、にんにく、豚肉、玉ねぎを加えていためる。
❸②にカレー粉を振っていため、水4カップ、固形スープを加えて煮立てる。
❹もやし、グリンピースを加え、5分煮て、ときほぐした卵を流し、煮立ったら塩、こしょうで味をととのえる。（森）

Part 2

ガツンと食べごたえがあって、
しかも安上がり

肉が主役の満足おかず

育ち盛りの子どもや働き盛りのお父さんは、やっぱり肉のおかずがごちそうです。
家族の「おなかすいた！」の声が聞こえたら、
できるだけ手早く食卓に出せるおかずをご紹介。
焼く、揚げる、煮る、巻くなど、
ボリュームアップテクも肉おかずで身につけましょう。

ひき肉のおかず

豚肉のおかず

鶏肉のおかず

肉加工品のおかず

だんごにしてもパラパラ使いも

ひき肉のおかず

肉の中でもお買い得なひき肉は、節約おかずに重宝。日もちがしないので、まとめ買いをしたら使いやすい量に小分けして冷凍します。

肉だんご

レシピ 39

白菜たっぷりで、ふんわりジューシー

白菜メンチカツ

材料（4人分）
合いびき肉300g　白菜¼個　玉ねぎ1個　A（卵1個　パン粉½カップ　塩、チキンスープのもと各小さじ½　こしょう適量）　サラダ油大さじ1強　小麦粉、とき卵、パン粉、揚げ油各適量

作り方

❶白菜は縦半分に切って、横にせん切りにする。玉ねぎはみじん切りにする。
❷フライパンにサラダ油を熱し、玉ねぎをしんなりするまでいため、あら熱をとる。
❸ボウルにひき肉、②、Aを合わせ、粘りが出るまでねりまぜる。白菜を２回に分けて加え、手でつかむように力強くまぜて肉となじませる。
❹③を12等分して、それぞれコイン形にととのえる。小麦粉、とき卵、パン粉の順に衣をつけ、160度に熱した揚げ油で揚げる。
❺器に盛り、あればミニトマトとサラダ菜を添え、好みでソースをかける。（小林）

76円　献立ヒント　レシピ394＋レシピ436

57円　献立ヒント　レシピ232＋レシピ524

レシピ 40

キムチをまぜ込めば、味つけ簡単

鶏キムチのだんごチヂミ

材料（4人分）
A（鶏ひき肉200g　キムチのみじん切り50g　しょうゆ小さじ1）　なす3個　小麦粉適量　とき卵2個分　サラダ油大さじ1〜2

作り方

❶なすは1.5㎝厚さの輪切りにし、水に2分さらしてペーパータオルなどで水けをしっかりとふく。
❷Aをよくまぜ、輪切りのなすの数に合わせて等分する。
❸①の表面に小麦粉を薄くまぶし、②をのせ、さらに全体に小麦粉を振る。
❹フライパンにサラダ油を中火で熱し、卵にくぐらせた③を肉の面を下にして並べ入れ、2分くらい焼く。
❺なすの周囲に、残った卵液を小さじ1ずつ流し入れ、肉のついていない面に卵をつけるようにしながら裏返し、裏面も2〜3分焼いて火を通す。（夏梅）

レシピ 41 ひき肉のかたまり感を残すのがポイント

はるさめ入り甘酢いため

材料（4人分）
合いびき肉200g　玉ねぎ1個　にんじん½本　絹さや100g　はるさめ50g　A(酢、水各⅓カップ　砂糖、トマトケチャップ各大さじ2　塩小さじ½　こしょう少々)　サラダ油大さじ1

作り方
❶玉ねぎ、にんじんは細切りにする。
❷絹さやは筋をとって細切りにする。
❸フライパンにサラダ油を強火で熱し、ひき肉をほぐしすぎないようにいためる。火が通ったら、①を加えていため、しんなりしたらまぜ合わせたAを加える。
❹③が煮立ったらはるさめを加え、汁けを吸わせながらまぜてもどす。はるさめがしなやかになり、汁けがなくなったら、②を加えていため合わせてでき上がり。（検見﨑）

レシピ 42 みそ味のひき肉を、くし形キャベツに詰めて

鶏ひき肉のキャベツはさみ煮

材料（4人分）
鶏ひき肉400g　キャベツ½個　A（卵1個　玉ねぎのみじん切り¼個分　みそ大さじ1½　パン粉大さじ3〜5　牛乳、かたくり粉各大さじ1）　B(だし2カップ　酒大さじ2)　薄口しょうゆ、こしょう各少々　オリーブ油大さじ1

作り方
❶キャベツは芯をつけたまま4等分のくし形に切る。耐熱皿に入れてふんわりとラップをかけ、電子レンジで6分加熱し、冷ます。
❷ひき肉はAを加えてよくねりまぜる。やわらかいようならパン粉を多めにする。
❸キャベツの葉と葉の間3〜4カ所に、②を適量ずつはさみ込む。
❹フライパンにオリーブ油を熱して③を入れ、切り口にこんがりと焼き色をつけ、Bを加えて蓋をして煮る。味をみて薄口しょうゆ、こしょうで調味する。（今泉）

レシピ 43 フライパンでできる韓国風のし焼き

のし焼き小松菜あんかけ

材料（4人分）
合いびき肉300g　小松菜1束　ねぎのみじん切り10cm分　しょうがのみじん切り1かけ分　A(半ずり白ごま大さじ2　しょうゆ大さじ1　砂糖大さじ½　ごま油小さじ1　こしょう、一味とうがらし各少々)　B(固形スープ½個　塩、こしょう各少々　しょうゆ小さじ⅓)　かたくり粉大さじ1　ごま油大さじ1

作り方
❶ひき肉はねぎ、しょうが、Aを加えてまぜる。
❷直径26cmのフライパンに①を入れて、全体にのばす。表面に1cm間隔の格子状の筋目をつける。蓋をして火にかけ、7〜8分蒸し焼きにし、火を通す。
❸小松菜は4〜5cm長さに切る。
❹フライパンにごま油を強火で熱して小松菜をいため、しんなりしたら湯1カップ、Bを加える。煮立ったら、かたくり粉を倍量の水でといて回し入れ、とろみをつける。
❺②を食べやすい大きさに切って器に盛り、④をかける。（検見﨑）

レシピ **44**

焼き肉のたれを使ってピリ辛風味に

韓国風ハンバーグ

材料（4人分）
合いびき肉400g　玉ねぎ½個　豆もやし1袋　ほうれんそう1束　卵½個分　牛乳、パン粉各大さじ2　塩小さじ½　こしょう少々　A（ごま油大さじ4　塩少々　にんにくのすりおろし1かけ分）　焼き肉のたれ大さじ8　サラダ油大さじ2

作り方

❶ボウルにひき肉、玉ねぎのみじん切り、卵、牛乳にひたしたパン粉、塩、こしょうを入れて、手でよくねりまぜ、4等分してハンバーグ形にととのえる。

❷豆もやしと水適量をなべに入れ、豆部分がやわらかくなるまでゆでる。ざるに上げ、熱いうちにAの半量であえる。ほうれんそうは塩少々（分量外）を入れた熱湯でゆで、水けをしぼり3cm長さに切る。Aの残りであえる。

❸フライパンにサラダ油を熱し、①を焼き色がつくまで両面焼いて蓋をし、弱火にして5～6分焼く。中から透明な肉汁が出るようになったら、焼き肉のたれをからめる。

❹②を皿に盛り③をのせ、フライパンに残ったたれをかけ、あれば糸とうがらしを添える。（坂田）

131円　献立ヒント　レシピ286＋レシピ520

81円　献立ヒント　レシピ467＋レシピ517

レシピ **45**　ゴロゴロした卵が入って、子どもも喜ぶ！

ゆで卵ハンバーグ

材料（4人分）
豚ひき肉400g　卵4個　A（パン粉大さじ3　酒大さじ1½　牛乳大さじ1　砂糖小さじ½　こしょう、ナツメグ各少々）　B（トマトケチャップ大さじ3　水、ソース各大さじ1　しょうゆ大さじ½）　サラダ油適量

作り方

❶卵は、酢少々（分量外）を入れた水からゆで（煮立ってから9分が目安）、冷水にとって殻をむき、1cm角くらいに刻む。

❷ボウルにひき肉とAを入れてよくまぜ、①を加えてさらにまぜ、4等分して小判形にまとめる。

❸サラダ油を熱したフライパンに②を並べ入れ、弱めの中火で3～4分焼き、裏返してさらに3～4分、弱火で焼いて皿に盛る。

❹余分な脂をペーパータオルなどで吸いとり、Bを入れて弱火で軽く煮詰め、③にかける。あればベビーリーフなどを添える。（重信）

レシピ **46** しゃきしゃきれんこんの歯ざわりがグッド

れんこん入りハンバーグ 大根おろし添え

材料（4人分）
豚ひき肉260g　れんこん½節　玉ねぎ½個　大根¼本　パン粉½カップ　卵1個　塩、こしょう各少々　A(しょうゆ小さじ2　酒、みりん各大さじ2　水大さじ4)　サラダ油小さじ2

作り方
1. れんこんは皮をむいて8㎜角に切って酢水（分量外）にさらす。大根はすりおろし、水けをきる。
2. 玉ねぎはみじん切りにしてひき肉、パン粉、卵、塩、こしょうを加えてよくねる。
3. ②に水けをきった①のれんこんを加えてよくまぜ、8等分して小判形にまとめる。
4. フライパンにサラダ油を熱して、③を並べてこんがりと焼く。
5. Aを加えて煮立て、軽く煮詰める。④を器に盛ってAをかけ、①の大根おろしをのせ、好みでゆでたブロッコリーを添える。（森）

レシピ **47** 栄養豊富なひじきをプラスしてヘルシーに

和風ひじきバーグ 香味おろしソース

材料（4人分）
合いびき肉300g　芽ひじき20g　大根300g　しょうが1かけ　万能ねぎの小口切り2本分　すり白ごま大さじ2　パン粉大さじ4　牛乳大さじ3　A(卵1個　ねぎのあらみじん切り1本分　酒、しょうゆ各大さじ1)　サラダ油大さじ1弱

作り方
1. ひじきは水に30分くらいつけてもどし、ざるに上げてさっと洗い、水けをきる。パン粉は牛乳でしとらせる。
2. ボウルにひき肉、①、Aを入れて粘りが出るまでよくまぜる。8等分にし、それぞれ円形にととのえる。
3. 大根としょうがはすりおろし、ペーパータオルを敷いたざるに上げ、水けをきる。万能ねぎ、ごまをまぜておく。
4. フライパンにサラダ油を熱し、②を並べ入れて蓋をし、途中で裏返して、両面をこんがりと焼く。
5. 器に盛り、③をのせ、あればベビーリーフを添える。好みでしょうゆをたらす。（舘野）

レシピ **48** つるんとしたえのきとなめこもかけて

おろしめんつゆハンバーグ

材料（4人分）
合いびき肉500g　玉ねぎ1個　大根600g　なめこ2袋　えのきだけ1袋　万能ねぎ適量　A(パン粉½カップ　卵1個　塩小さじ1　こしょう、ナツメグ各少々)　めんつゆ大さじ3　サラダ油大さじ3

作り方
1. 玉ねぎはみじん切りにする。大根はすりおろす。なめこは水で洗い、えのきだけは石づきをとり、半分に切りほぐす。
2. 耐熱ボウルで玉ねぎとサラダ油大さじ2をまぜ、ラップをかけ、電子レンジで5分ほど加熱し、あら熱をとる。
3. ボウルにひき肉、②、Aを合わせて粘りが出るまでねる。4等分し、丸く平らに形をととのえる。
4. フライパンに残りのサラダ油を熱し、③を並べ、中火できつね色になるまで両面焼く。
5. めんつゆと水150㎖を加え、蓋をして6分ほど弱火で煮て、仕上げに大根おろし（汁ごと）、なめこ、えのきだけを加え一煮立ちさせる。皿に盛り、小口切りにした万能ねぎを散らす。（小林）

レシピ **49**

レンジで蒸すからジューシーな仕上がり

肉詰めピーマンの中華風レンジ蒸し

材料（4人分）
豚ひき肉200g　ピーマン4個　A（にら½束　ねぎ¼本　しょうが5g）B（ごま油大さじ½　塩小さじ½　こしょう少々）かたくり粉適量

作り方

❶ピーマンは縦半分に切って種を除き、内側にかたくり粉を薄くまぶす。
❷Aはすべてみじん切りにし、ひき肉、Bと合わせてよくまぜ、8等分にする。
❸①に②を詰め、耐熱皿に並べてラップをし、電子レンジで3分加熱する。ピーマンの位置を並べかえて、さらに1～2分レンジで加熱する。
❹器に盛り、好みでねりがらしとしょうゆをつける。(夏梅)

59円　献立ヒント　レシピ342＋レシピ399

肉詰め

レシピ **50**

たねを詰めたしいたけを甘辛く焼いて

しいたけのひき肉詰め照り焼き

130円　献立ヒント　レシピ237＋レシピ484

材料（4人分）
鶏ひき肉400g　しいたけ（大）12枚　ししとうがらし12本　A（ねぎのみじん切り大さじ4　しょうが汁小さじ1　しょうゆ大さじ½　かたくり粉大さじ1　水大さじ2）B（みりん、しょうゆ各大さじ2　砂糖大さじ1）　酒大さじ1　かたくり粉適量　サラダ油大さじ2

作り方

❶しいたけは軸を切り、石づきを落とし、みじん切りにする。かさは表面に格子状に浅い切り目を入れる。
❷ボウルにひき肉を入れて①の生しいたけの軸、Aを加えて手でよくまぜ、12等分にする。ししとうはへたを切りそろえる。
❸①のしいたけの裏面を上にしてかたくり粉を薄くまぶし、②の肉だねをのせて平らにはりつける。
❹フライパンにサラダ油大さじ1を熱し、②のししとうを入れて中火で焼き、いったんとり出す。
❺フライパンに残りの油を足して、③を肉だねの面を下にして入れて、中火で焼く。裏返して同じように焼き、蓋をして火を弱め、2～3分蒸し焼きにする。
❻⑤に酒を振り、Bを加えてフライパンを揺すりながらたれをからめて器に盛り、④のししとうを添える。(大庭)

レシピ **51** 器がわりのトマトまで丸ごといただく

トマトのカップ焼き

材料（4人分）
合いびき肉150g　トマト4個　玉ねぎのみじん切り½個分　A（塩小さじ½　こしょう、ナツメグ各少々）　B（とき卵1個分　パン粉½カップ　粉チーズ大さじ2　牛乳大さじ1）　サラダ油小さじ2

作り方
❶トマトはへたから上1cm分を切り落とし、スプーンでくりぬく。くりぬいた中身は種を除いてざく切りにする。
❷フライパンにサラダ油を中火で熱し、玉ねぎをしんなりするまでいためる。ひき肉を入れ、箸でほぐしながらいため、Aで調味する。
❸ひき肉に火が通ったら、①のざく切りにしたトマトを加える。
❹①のトマトカップに③を詰め、よくまぜたBをのせ、オーブントースターで表面に焼き色がつくまで8～10分焼く。（夏梅）

レシピ **52** ゴーヤの苦味とチーズがよく合う

肉詰めゴーヤのチーズ焼き

材料（4人分）
A（合いびき肉300g　塩小さじ⅔　こしょう、ナツメグ各少々）　ゴーヤ2本　玉ねぎのみじん切り½個分　スライスチーズ2枚　小麦粉適量　サラダ油大さじ1

作り方
❶ゴーヤは3cm厚さの輪切りにする。スプーンの柄などを使って種とわたをくりぬき、内側に小麦粉を振る。
❷フライパンにサラダ油大さじ½を中火で熱し、玉ねぎをいためて、冷ます。
❸Aと②をボウルに入れてよくまぜ、①に詰め、上下に小麦粉を振る。
❹フライパンに残りのサラダ油を中火で熱し、③を肉の面を下にして並べ入れ、蓋をして5分、裏返してさらに5分蒸し焼きにする。
❺スライスチーズを細切りにして上にのせ、蓋をしてチーズがとけるまで1～2分蒸し焼きにする。（夏梅）

レシピ **53** 縦に割ったオクラで肉だねをサンド

オクラバーグ

材料（4人分）
A（合いびき肉150g　塩小さじ⅓　こしょう少々）　玉ねぎ¼個　オクラ2袋（約20本）　小麦粉適量　サラダ油大さじ1

作り方
❶玉ねぎはみじん切りにし、Aと合わせてねりまぜる。
❷オクラは縦半分に切って種をとり、内側に小麦粉を振って、①をはさむ。軽く押さえるようにして形をととのえ、全体に薄く小麦粉をつける。
❸フライパンにサラダ油を中火で熱し、②を並べる。焼き色がついたら返しながら、全体を6～8分ほど焼く。（夏梅）

レシピ 54

ケーキのようでかわいいジャンボおかず

包まない 焼きギョーザ

材料（4人分）
豚ひき肉150g　キャベツ1枚半(100g)　玉ねぎ¼個　にら½束　ギョーザの皮1袋(24枚)　A（おろしにんにく、オイスターソース、しょうゆ、ごま油各小さじ1　塩小さじ¼　こしょう少々　かたくり粉小さじ2）　サラダ油少々　ごま油小さじ2

作り方

❶キャベツ、玉ねぎ、にらはみじん切りにする。キャベツは塩小さじ½（分量外）をまぜ、10分おく。

❷ボウルにひき肉とAを入れ、粘りが出るまでねる。次に玉ねぎ、にら、水けをしぼったキャベツを加えまぜる。

❸フライパンにサラダ油を薄く塗り、ギョーザの皮を半量敷く。②を上にのせ、へらで押さえてフライパンの大きさまで広げ、残りのギョーザの皮をのせる。

❹水100mlを周囲から注ぎ、蓋をして蒸し焼きにする。水けがなくなり、ぱちぱちいったら蓋をはずし、ごま油を加え、こんがり焼く。皿をかぶせて、ひっくり返し、すべらせてフライパンに戻し、同様にこんがり焼く。好みで酢じょうゆ、ラー油をかける。（小林）

63円

献立ヒント　レシピ192＋レシピ468

レシピ 55

野菜たっぷり!　スープ仕立てにしても

小松菜入り水ギョーザ

材料（24個分）
A（豚ひき肉200g　にんにくのみじん切り、しょうゆ各小さじ1　みそ小さじ1弱　塩小さじ½　こしょう少々　ごま油小さじ2）　小松菜½束　ギョーザの皮1袋（24枚）　酢、しょうゆ、ラー油各適量

作り方

❶小松菜は塩ゆでにしてざるに上げる。あら熱がとれたら小口切りにして、水けをしっかりとしぼる。

❷ボウルに①、Aを合わせて粘りが出るまでねりまぜる。

❸ギョーザの皮に②を等分に包む。

❹なべに湯を沸かし、③を2～3回に分けてゆでる。器に盛り、酢、しょうゆ、ラー油をまぜたたれを添える。（小林）

69円

献立ヒント　レシピ454＋レシピ516

72円　献立ヒント　レシピ263＋レシピ428

レシピ56

リーズナブルな食材でジュワッと贅沢なうまみ

節約ジューシーギョーザ

材料（24個分）
たねの基本材料（豚ひき肉200g　しょうが汁、ごま油各大さじ1　塩、しょうゆ各小さじ1）　ギョーザの皮1袋（24枚）　A（小麦粉小さじ2　水1カップ）　サラダ油大さじ1　ごま油小さじ1～2　ねぎ5cm　もやし¼袋　えのきだけ½袋

作り方
❶もやしはひげ根をとる。えのきだけは根元を切り、1cm長さに切る。
❷よくまぜた基本材料にみじん切りにしたねぎ、もやし、えのきを加えてさらにまぜ、皮で包む。
❸基本の焼き方。フライパンにサラダ油を引き、ギョーザを並べたら強火にし、Aの小麦粉水をギョーザの高さの半量を目安に注ぐ。蓋をして中火にし、3分ほど蒸し焼きにする。皮が透けてきたら蓋をとり、ごま油をギョーザの周りに回しかける。（藤野）

レシピ57

いんげんはほどよい大きさで食感を残して

いんげん&チーズギョーザ

材料（24個分）
レシピ56のたねの基本材料　ねぎ5cm
さやいんげん80g　6Pチーズ1個

作り方
❶いんげんは2～3mm幅の小口切りにする。チーズは5mm角に切る。
❷よくまぜた基本材料に、みじん切りにしたねぎ、①を加えてさらにまぜる。
❸皮で包み、レシピ56の作り方③と同様に焼く。（藤野）

62円　献立ヒント　レシピ238＋レシピ397

レシピ58

しそとごまの香りが広がるさっぱり和の味

ねぎたっぷり和風ギョーザ

材料（24個分）
レシピ56のたねの基本材料　ねぎ½本　青じそ12枚　いり白ごま大さじ2

作り方
❶ねぎはみじん切りにする。青じそは軸を切りとり、縦半分に切る。
❷よくまぜた基本材料に、ねぎ、ごまを加えてさらにまぜる。
❸皮に青じそをのせ、その上に②をのせて包み、レシピ56の作り方③と同様に焼く。（藤野）

56円　献立ヒント　レシピ265＋レシピ383

レシピ59

ピリッとくる辛さで、おつまみにもオススメ

玉ねぎカレーギョーザ

材料（24個分）
レシピ56のたねの基本材料　玉ねぎ¼個　カレー粉小さじ1

作り方
❶玉ねぎはみじん切りにする。
❷よくまぜた基本材料に、玉ねぎ、カレー粉を加えてまぜる。
❸皮で包み、レシピ56の作り方③と同様に焼く。（藤野）

37円　献立ヒント　レシピ154＋レシピ520

レシピ **60** あんを卵でとじて彩り豊かにボリュームアップ

チンゲンサイの卵そぼろあんかけ

材料（4人分）
鶏ひき肉100g　チンゲンサイ3株　かに風味かまぼこ2本　A（ねぎの斜め薄切り½本分　しょうがのみじん切り小さじ1）　B（鶏がらスープのもと、砂糖、塩各小さじ½　こしょう適量　かたくり粉小さじ1　水½カップ）　とき卵1個分　塩、サラダ油各少々　ごま油大さじ1

作り方
❶チンゲンサイは葉を4㎝長さ、軸は6等分のくし形に切り、軸と葉に分けておく。かに風味かまぼこは長さを半分に切ってほぐす。
❷フライパンに湯¼カップ、塩、サラダ油、チンゲンサイの軸を入れて蓋をし、やわらかくなるまで蒸し煮にする。途中、葉も加えてゆで、ざるに上げて湯をよくきり、器に盛る。
❸フライパンにごま油を熱し、Aをいため、ひき肉を加えてポロポロにいためる。かに風味かまぼこ、よくまぜたBを加え、まぜながらとろみをつける。とき卵を回し入れ、半熟状に火を通して②にかける。（小林）

レシピ **61** くりぬいたかぶの中身は肉だねにプラス

かぶの肉詰めポトフ

材料（4人分）
鶏ひき肉100g　かぶ4個　玉ねぎ½個　にんじん（大）½本　A（塩、こしょう各少々　かたくり粉小さじ1）　B（顆粒スープ大さじ½　水2カップ）　塩小さじ⅓　こしょう少々

作り方
❶かぶは茎を2㎝残して葉を切り落とす。かぶの上部2㎝を切り落とし、1㎝内側にテーブルナイフで1周切り込みを入れて中身をくりぬき、カップ状にする。
❷玉ねぎは4等分のくし形に、にんじんは3㎝幅の半月切りにする。
❸①のくりぬいた部分はみじん切りにし、ボウルに入れて、ひき肉、Aを加えてねる。
❹①に③を等分に詰め、なべに入れる。②、Bを加えて強火にかけ、一煮立ちさせる。アクをとり、蓋をして弱火で15分ほど煮る。
❺①のかぶ上部を加え5分ほど煮て、塩、こしょうで味をととのえる。（小林）

レシピ **62** 梅のさわやかな酸味でさっぱりといただく

ひき肉とたたき長いもの梅肉あえ

材料（4人分）
合いびき肉100g　長いも250g　A（酒大さじ1　しょうゆ小さじ1　砂糖大さじ½）　梅肉（ペースト状）、酢各大さじ1

作り方
❶なべにひき肉を入れ、Aを加えてよくまぜ、中火にかけて菜箸3～4本でかきまぜながら、ポロポロになるまで火を通す。
❷長いもは皮をむいて一口大に切り、ポリ袋に入れてすりこ木などでたたいてつぶす。
❸梅肉に酢をまぜ、①、②をあえて盛りつけ、あれば梅肉を天盛りにする。（検見﨑）

献立ヒント
20円 レシピ189＋レシピ387

レシピ63
しょうがの風味がしっかり出ています

ひき肉ともやしのいり煮

材料（4人分）
合いびき肉100g　もやし1袋　しょうが1かけ　A（酒大さじ1　塩小さじ¼　砂糖小さじ½　こしょう少々）　サラダ油大さじ1

作り方
❶しょうがはせん切りにする。
❷フライパンにサラダ油を強火で熱し、ひき肉をいためる。こんがりしたら、しょうが、もやしを入れていため、油が回ったらAを加え、汁けがなくなるまでいためる。（検見﨑）

レシピ64
肉のうまみがたっぷり"だし効果"に

ひき肉とにんじんのきんぴら

材料（4人分）
豚ひき肉50g　にんじん（大）2本　A（しょうゆ大さじ1½　酒大さじ1　砂糖大さじ½）　ごま油大さじ½

作り方
❶にんじんは皮をむいて3㎝長さの短冊切りにする。
❷ごま油を中火で熱してひき肉をいため、ほぐれたら①を加えていため合わせる。油が回ったらAを加えてまぜ、少し歯ごたえが残るくらいまでいためる。（重信）

献立ヒント
17円 レシピ78＋レシピ407

献立ヒント
50円 レシピ145＋レシピ528

レシピ65
たった50gの豚肉でも、深い煮汁の味わい

アスパラガスとしめじのサッと煮

材料（4人分）
豚ひき肉50g　グリーンアスパラガス5〜6本　しめじ1パック　A（だし1カップ　しょうゆ大さじ½　塩小さじ⅓）

作り方
❶アスパラガスは、根元がかたければ皮をむき、3㎝長さに切る。しめじは石づきをとり除いて、小房に分けておく。
❷なべにAを入れて強火にかける。煮立ったらひき肉を加え、ほぐしながら1〜2分煮て、アクをすくう。
❸②に①を加え、アスパラガスの緑色が鮮やかになるまで、まぜながら中火で1〜2分煮る。（重信）

みんなが大好き！　コストパフォーマンスも◎！

豚肉のおかず

しょうが焼きや冷しゃぶなど、豚肉を使った定番おかずも、味を変えたり野菜を足したりアレンジをすると目先が変わって新鮮です。

しょうが焼き バリエ

レシピ66 マスタードの酸味と香りが甘辛たれと合う

粒マスしょうが焼き

材料（4人分）
豚ロース肉（しょうが焼き用）12枚　A（酒、しょうゆ各大さじ1　砂糖、かたくり粉各小さじ1）　B（粒マスタード、みりん、しょうゆ、しょうが汁各大さじ1　酒大さじ2）　サラダ油大さじ1

作り方

1. 豚肉は筋切りをする。バットにAを合わせて豚肉を加えてからめ、5〜6分ほどおく。
2. Bはよくまぜ合わせておく。
3. フライパンにサラダ油を熱し、①を並べ入れて中火で両面を焼く。②を回し入れ、つやよくからめる。
4. 器に盛り、好みで一口大にちぎったレタス、くし形に切ったトマトを添える。（舘野）

レシピ67 甘酸っぱいポークチャップの味つけ

ケチャ甘酢しょうが焼き

材料（4人分）
豚ロース肉（しょうが焼き用）12枚　A（酒、しょうゆ各大さじ1　砂糖、かたくり粉各小さじ1）
B（トマトケチャップ大さじ2　酢、みりん、しょうが汁各大さじ1　酒大さじ1強　しょうゆ大さじ1弱）
サラダ油大さじ1

作り方

1. 豚肉は筋切りをする。バットにAを合わせて豚肉を加えてからめ、5〜6分ほどおく。
2. フライパンにサラダ油を熱し、①を並べ入れて中火で両面焼く。Bを回し入れ、つやよくからめる。
3. 器に盛り、好みで3cm長さに切った水菜を添える。（舘野）

レシピ **68** 隠し味のみそがコクを引き立ててくれる

マヨしょうが焼き

材料（4人分）
豚ロース薄切り肉（しょうが焼き用）300g　玉ねぎ½個　A（マヨネーズ大さじ4　おろししょうが1かけ分　みそ大さじ2）　サラダ油大さじ1

作り方
❶豚肉は筋に切り目を入れる。
❷玉ねぎは5～6㎜幅の薄切りにする。
❸フライパンにサラダ油を熱し、①の両面を焼き、②を加えていためる。
❹Aをまぜ合わせ、③にかけて火を止めてからめる。好みでせん切りにしたキャベツを添える。（坂田）

レシピ **69** 野菜もいっしょにたれをからませて

豚肉と小松菜のしょうが焼き

材料（4人分）
豚ロース薄切り肉300g　小松菜1束　A（しょうゆ大さじ3　酒、みりん、砂糖、おろししょうが各大さじ1）　サラダ油大さじ1

作り方
❶豚肉をAにつけ込み、5分ほどおく。小松菜は根元を切り落とし、5㎝幅に切る。
❷フライパンにサラダ油を熱し、豚肉を入れていためる。豚肉の色が変わったら小松菜を加えていため、つけだれを入れてからめる。（平野）

レシピ **70** 肉のうまみがゆでじゃがによくしみる

じゃがいも入り豚肉のしょうが焼き

材料（4人分）
豚薄切り肉（しょうが焼き用）200g　じゃがいも3個　A（みりん、しょうゆ、酒各大さじ2　おろししょうが大さじ½）　サラダ油大さじ1½

作り方
❶じゃがいもは洗ってぬれたままラップに包み、電子レンジで4分、上下を返してさらに3～4分加熱し、少しかために火を通す。皮をむき、1㎝厚さの半月切りにする。
❷豚肉は大きめの一口大に切る。
❸フライパンにサラダ油を熱し、豚肉を並べ、両面に少し焼き色がつくまで強火の中火で2～3分焼く。
❹じゃがいも、Aを加えて手早くからめる。あればレタスなどを添える。（重信）

レシピ71

野菜はかさが減るからたっぷり食べられる

塩もみキャベツの肉巻きフライ

材料（4人分）
豚ロース薄切り肉16枚　キャベツ300g　玉ねぎ½個　塩小さじ½　塩、カレー粉（下味用）各少々　小麦粉、とき卵、パン粉、揚げ油各適量

作り方

❶キャベツはせん切りに、玉ねぎは薄切りにし、ボウルに合わせる。全体に塩を振り、しんなりしたらしっかり水けをしぼる。

❷豚肉は4枚を少しずつ重ねながら並べ、塩、カレー粉を振る。豚肉の上に①の¼量をのせて両端を内側に折り込んで巻く。

❸②に小麦粉、とき卵、パン粉をつける。170度に熱した揚げ油に入れ、転がしながら3～4分かけてこんがりと色づくまで揚げる。

❹一口大に切って器に盛り、好みでクレソンとミニトマトを添える。（藤井）

レシピ72　ココナッツのほんのり甘い煮汁がやみつきに

大根の豚肉アジアン巻き

材料（4人分）
豚バラ薄切り肉200g　大根450g　大根の葉少々　塩、こしょう（下味用）各少々　A（ココナッツミルク¾カップ　にんにくのみじん切り小さじ¼　砂糖大さじ1）　塩、しょうゆ各小さじ¼

作り方

❶大根は7～8㎝長さ、1.5㎝角の棒状に16本切る。

❷豚肉に塩、こしょうを振って下味をつけ、①に巻く。

❸フライパンを中火にかけ、②の巻き終わりを下にして焼き、転がしながら焼きつけてこんがりとしたらAを加え、蓋をして10分煮る。

❹大根がやわらかくなったら、塩、しょうゆを加え、大根の葉を入れて一煮する。（検見﨑）

レシピ **73** カラフルな切り口に感激。お弁当のおかずにも

いんげんとチーズの肉巻き

材料（4人分）
豚もも薄切り肉6枚　さやいんげん24本　プロセスチーズ100g　塩、こしょう、小麦粉各適量　サラダ油大さじ1

作り方

❶いんげんはへたを切り、塩少々（分量外）を加えた熱湯でゆで、水にとって水けをふく。チーズは1.5cm角の棒状に切る。

❷豚肉を3枚ずつ少し重なるように並べ、塩、こしょう、小麦粉を順に振る。上にいんげんの半量、チーズの半量をのせて芯にして巻き、ようじ2本でとめ、表面に塩、こしょう、小麦粉を順に振る。同様にもう1本巻く。

❸フライパンにサラダ油を中火で熱し、②を転がしながら、焼き色が均一につくように12分ほど焼く。

❹ようじを抜いて食べやすく切る。（夏梅）

レシピ **74** いもがホクホク！　仕上げは甘辛だれで

さつまいもの豚巻きソテー

材料（4人分）
豚ロース薄切り肉200g　さつまいも500g　サラダ油、酒、みりん、しょうゆ各大さじ1　砂糖小さじ1　塩、こしょう、いり黒ごま、小麦粉各少々

作り方

❶さつまいもは4cm長さの一口大に切る。耐熱容器に入れてラップをかけ、電子レンジで5分加熱し、あら熱をとっておく。

❷豚肉に塩、こしょうを振り、まないたに広げて、薄く小麦粉を振る。①を1個のせ、端からクルクルと巻く。

❸フライパンにサラダ油を熱し、②の巻き終わりを下にして並べて中火で焼く。ときどき裏返して全面に焼き色がついたら酒を振り、蓋をして2分ほど蒸し焼きにする。

❹砂糖、みりん、しょうゆの順に加え、フライパンを揺すって煮からめる。皿に盛ってごまを振り、あればサラダ菜を添える。（栗山）

レシピ **75** 茎の部分に肉を巻きつけてボリューム満点

豚バラ肉巻きブロッコリーのレンジ蒸し

材料（4人分）
豚バラ薄切り肉150g　ブロッコリー1株　塩、こしょう各適量　A（しょうゆ、みりん、酒各大さじ1　ごま油小さじ2　おろしにんにく、おろししょうが各1かけ分）

作り方

❶ブロッコリーは茎を落とし、小房に分ける。落とした茎は皮をそいで棒状に切る。

❷豚肉は半分の長さに切り、塩、こしょうを振ってブロッコリーの軸の部分に巻く。

❸②と茎を耐熱皿に並べてAを回しかけ、ラップをかけて電子レンジで5〜6分加熱する。（森）

レシピ 76 豚薄を重ねた間に青じそをはさんで

ひらひらカツレツ

材料（4人分）
豚薄切り肉12枚　青じそ4枚　塩、こしょう各少々
卵1個　かたくり粉、パン粉、揚げ油各適量

作り方

❶豚肉は塩、こしょうして、3枚を少しずつずらして重ね、青じそを1枚ずつはさむ（これを4個作る）。それぞれかたくり粉をまぶす。

❷①の余分な粉をはたき、といた卵に水大さじ2を加えてのばしたもの、パン粉の順につけ、180度の揚げ油で、こんがり色がつき、カツが浮いてくるまで約2～3分揚げる。器に盛り、好みで半月切りのレモン、半分に切ったミニトマト、グリーンリーフを添える。（井澤）

104円　献立ヒント　レシピ405＋レシピ529

69円　献立ヒント　レシピ378＋レシピ371

揚げ物バリエ

レシピ 77

パンチのあるカレー風味でスタミナ補給

豚ロース肉の立田揚げ

材料（4人分）
豚ロース肉（一口カツ用）300g　A（酒、しょうゆ各大さじ1　おろしにんにく1かけ分　カレー粉小さじ1）卵白1個分　かたくり粉、揚げ油各適量

作り方

❶豚肉はAをまぜたものに10分ほどつけて下味をつける。

❷①に卵白を加えて、手でよくもみ込む。

❸揚げ油を175～180度に熱し、②にかたくり粉をまぶしてから揚げる。

❹周りがカリッとしたら裏返し、両面をしっかり揚げる。油をよくきり、あつあつのうちに器に盛りつける。彩りにクレソンなどがあれば添える。（藤野）

レシピ **78** 野菜は冷蔵庫にあるものを組み合わせて

揚げ豚のピリ辛酢じょうゆ漬け

材料（4人分）
豚肉（しょうが焼き用）400g　なす3個　ししとうがらし1袋　玉ねぎ½個　酒大さじ2　A（豆板醤大さじ½　鶏がらスープのもと小さじ1　水¼カップ　酢大さじ4　しょうゆ大さじ2）　かたくり粉、揚げ油各適量

作り方
❶豚肉に酒を振る。
❷なすはへたを切り落として縦半分に切り、皮に細かく斜めに格子状の切り込みを入れる。食べやすい大きさに切り、水に2分ほどさらしてざるに上げ、ペーパータオルなどで包んで水けをふいておく。ししとうは包丁で一本切り込みを入れ、玉ねぎは1cm厚さのくし形切りにする。
❸Aはよくまぜ合わせておく。
❹揚げ油を200度に熱し、②を入れて2～3分素揚げにする。次に①にかたくり粉をまぶして1枚ずつ広げながら入れ、4分ほど揚げ、野菜とともに器に盛る。
❺④が熱いうちに③を回しかける。（夏梅）

レシピ **79** 2枚の豚肉で薄切りのエリンギをサンド

豚薄とエリンギのサンドカツ

材料（4人分）
豚もも薄切り肉16枚　エリンギ1パック　塩、こしょう少々　小麦粉、とき卵、パン粉、揚げ油、ソース各適量

作り方
❶エリンギは繊維にそって5mm厚さを目安に、薄切りを8枚作る。豚肉は塩、こしょうを振る。
❷まないたに豚肉1枚をのせ、小麦粉少々を振ってから、もう1枚肉を重ね、肉の上下左右をエリンギにそって折りたたむ。これを8個作る。
❸②に小麦粉、とき卵、パン粉の順に衣をつけ、中温に熱した揚げ油で揚げる。ときどき返し、気泡が小さくなってこんがりとしてきたら、20秒ほど強火にしてから引き上げる。好みでせん切りのキャベツ、くし形切りのレモンと皿に盛り合わせ、ソースをかける。（栗山）

レシピ **80** 中はモッチリ、外側はサクサクの食感が絶妙

豚薄と里いもの包み揚げ

材料（4人分）
豚もも薄切り肉8枚　里いも（大）4個　にら½束　みそ大さじ2　砂糖大さじ1　春巻きの皮8枚　水どき小麦粉適量　揚げ油適量

作り方
❶里いもはよく洗い、1個ずつペーパータオルで包んで水でぬらし、上からラップで包んで電子レンジで10分加熱する。あら熱がとれたら皮をむき、縦半分に切る。
❷にらは細かい小口切りにしてボウルに入れ、みそ、砂糖を加えよくまぜる。
❸春巻きの皮を広げ、豚肉を1枚のせて中央に②を塗り、①をのせる。里いもを豚肉で包んでから春巻きの皮で包み、水どき小麦粉で巻き終わりをはり合わせる。残りも同様に包む。
❹フライパンに揚げ油を170度～180度に熱し、③をこんがりと揚げ、油をきって盛りつける。好みでミニトマト、パセリを添える。（検見﨑）

レシピ 81

豚肉を白菜の間にはさんだミルフィーユ風

豚肉と白菜の重ね煮

材料（4人分）
豚こまぎれ肉300g　白菜600g　A（酒大さじ1　塩小さじ½　こしょう少々）　B（顆粒スープ小さじ1　塩小さじ½）

作り方

1. ボウルに豚肉を入れ、Aを加えてよくもみ込む。
2. 白菜は茎をそぎ切りに、葉はざく切りにする。
3. 白菜の¼量をなべに敷き詰め、上に①の⅓量を広げる。残りも白菜、豚肉の順に重ねていき、水½カップとBを回し入れて火にかけ、煮立ったら蓋をして弱火で15分ほど煮る。
4. 煮汁を静かに別の器に移し、中身をとり出して食べやすい大きさに切り分けて皿に盛り、煮汁をかけ、好みでパセリのみじん切りとあらびき黒こしょうを振る。（重信）

83円

献立ヒント　レシピ453＋レシピ396

114円

献立ヒント　レシピ185＋レシピ414

レシピ 82

細く裂いたエリンギをくるくる巻いて

エリンギの豚ロールトマト缶煮込み

材料（4人分）
豚もも薄切り肉12枚　エリンギ2パック　パセリのみじん切り1本分　塩小さじ½　こしょう少々　トマト水煮缶1缶（400g）　固形スープ1個　タバスコ、黒こしょう各少々　小麦粉適量　バター大さじ2

作り方

1. エリンギは縦に細く裂き、12等分して豚肉を巻き、塩、こしょうをまぶし、小麦粉を薄くまぶす。
2. 厚手のなべにバターをとかし、①を入れて全体を焼きつける。
3. トマトと固形スープを加え、トマトをへらでつぶしながら煮る。煮立ったらアクを除き、蓋を少しずらしてかぶせ、弱めの中火で15分ほど煮る。タバスコと黒こしょうを振る。
4. 器に盛り、パセリを散らす。（藤野）

レシピ **83** 仕上げに大根おろしを加えて、さっぱり味に

豚薄とレタスのおろし煮

材料（4人分）
豚もも薄切り肉200g　大根¼本　レタス½個　A（だし2カップ　酒、しょうゆ、みりん各大さじ2）

作り方
1. 大根はすりおろし、ざるに入れて水けをきっておく。
2. 豚肉は半分の長さに切る。
3. なべにAを合わせ、強火で熱してしっかりと煮立ったら、②の半量を入れてさっとほぐし、再び煮立ったら残りも加えてほぐし、火を通す。
4. アクをとりながら2～3分煮立て、レタスを一口大にちぎって加え、まぜながら煮る。
5. レタスがしんなりしたら①の⅔量を広げ入れ、一煮して器に盛り、①の残りをかける。（検見﨑）

レシピ **84** 野菜を大きめに切ると少量の肉でも満足感

豚薄といろどり野菜の中華風ミルク煮

材料（4人分）
豚ロース薄切り肉200g　にんじん½本　スナップえんどう200g　にんにくのみじん切り小さじ¼　A（塩、こしょう各少々　酒大さじ½）　B（塩小さじ¼　砂糖小さじ½　こしょう少々）　C（牛乳1カップ　かたくり粉大さじ1）　かたくり粉小さじ1　サラダ油大さじ½

作り方
1. 豚肉は半分に切ってAをもみ込み、かたくり粉をまぜる。
2. にんじんは3～4㎜厚さの半月切りに、スナップえんどうは筋をとっておく。
3. フライパンにサラダ油を中火で熱し、にんにくをいため、①を加えていため合わせ、色が変わったらにんじんを加えてさっといため、⅓カップの湯を加えて蓋をし、3分ほど蒸し煮する。
4. 蓋をとり、B、スナップえんどうを加えてまぜ、えんどうの色があざやかになったら、よくまぜたCを加える。まぜながら一煮立ちさせ、とろみがつけばでき上がり。（検見﨑）

レシピ **85** かぶに肉のうまみがしみ込んだ簡単煮物

豚薄切り肉とかぶのオイスターソース

材料（4人分）
豚薄切り肉120g　かぶ4～5個　かぶの葉少々　A（にんにくの薄切り1かけ分　しょうがの薄切り3枚）　B（オイスターソース、しょうゆ各大さじ1）　かたくり粉大さじ1

作り方
1. 豚肉は長さを3～4等分に切る。かぶは厚めに皮をむき、4つ割りにする。
2. かぶの葉は塩ゆでして、1～2㎝のざく切りにする。
3. なべに①とAを入れ、ひたひたの水とBを加える。
4. 強火にかけて、煮立ったらアクをとる。中火にし、落とし蓋をして煮汁がなべ底から2㎝になるまで煮る。
5. かたくり粉を同量の水でといて加え、とろみをつけ、②を加える。（瀬尾）

レシピ **86**

冷水にサッとさらして、パリッとさせて

ゆで豚と大根のサラダ

材料（4人分）
豚肉（しゃぶしゃぶ用）200g　大根⅓本　くるみ20g　塩、酒各少々　A（豆板醤小さじ1　しょうゆ大さじ2　酢、みりん、ごま油、いり白ごま各大さじ1）

作り方

❶大根は皮をむき、4〜5cm長さの太めのせん切りにする。氷水に放して2〜3分おき、パリッとしたらざるに上げて水けをきる。

❷なべに湯を沸かし、塩、酒を加える。豚肉を1枚ずつしゃぶしゃぶして火を通し、ざるに上げて冷ます。

❸くるみはオーブントースターでカリッと焼き、あらくくだく。

❹①を敷いた器に②を盛り、③を散らして、よくまぜたAをかける。（藤野）

冷しゃぶ バリエ

レシピ **87**　香味野菜と豚肉の酸味が食欲をそそる

しそとみょうがの豚しゃぶ

材料（4人分）
豚肉（しゃぶしゃぶ用）300g
青じそ10枚　みょうが2個　A（酒、かたくり粉各大さじ1½）
梅干し2個　B（酢大さじ3　塩小さじ¼　ごま油大さじ1½）

作り方

❶青じそは縦半分にして1cm幅に切る。みょうがは縦半分に切って水洗いし、斜め薄切りにして水けをよくふきとる。

❷豚肉はAの酒をからめて下味をつけ、かたくり粉をまぶす。

❸なべにたっぷりの湯を沸かして肉を広げ入れ、火が通ったら氷水にとり、ざるに上げて水けをよくきる。

❹種を除いた梅干しを包丁でたたき、Bを合わせて①、③をあえる。（夏梅）

レシピ 88 野菜を薄くむけば、ゆで時間がグッと短縮

ゆで豚サラダ

材料（4人分）
豚ロース薄切り肉300g　にんじん（大）1本　きゅうり2本　塩、酒各少々　A（すり白ごま、マヨネーズ各大さじ3　酢、しょうゆ各大さじ1　おろししょうが、おろしにんにく各小さじ½）

作り方
❶にんじんときゅうりはそれぞれピーラーでリボン状にむき、塩を入れた湯でさっとゆでてざるに上げておく。
❷同じ湯に酒を入れて豚肉1枚ずつ広げ入れてゆで、冷水にとってざるに上げ、半分に切る。
❸①と②を器に盛り、まぜ合わせたAをかける。（検見﨑）

レシピ 89 あっさり豚しゃぶにコクのあるごまがピッタリ

ゆで豚とほうれんそうのごまソース

材料（4人分）
豚もも肉（しゃぶしゃぶ用）400g　ほうれんそう1束　A（ねぎのみじん切り¼本分　しょうがのみじん切り1かけ分）　ごまだれ1カップ

作り方
❶酒少々（分量外）を加えた熱湯で豚肉をゆでる。色が変わったらすぐにとり出し、水けをきる。
❷ほうれんそうは塩少々（分量外）を入れた熱湯でゆで、1株を縦半分に切る。
❸②、①を皿に盛り、Aを加えたごまだれをかける。（坂田）

レシピ 90 肉が少なければ、ちくわで“かさまし”

ゆで豚と水菜のピリ辛みそあえ

材料（4人分）
豚こまぎれ肉200g　水菜1束　ちくわ2本　A（みそ、酢各大さじ1　豆板醤小さじ⅓　砂糖小さじ1）

作り方
❶豚肉はゆでて水にとって冷ます。水菜は3cm長さに切る。ちくわは3等分して細い棒状に切る。
❷ボウルにAを合わせ、①を加えてあえる。（上田）

レシピ **91** 切り干し大根に肉のうまみがよくしみて

豚肉と切り干し大根の はりはり漬け

材料（4人分）
豚ロース薄切り肉50g　切り干し大根60g　A（だし¼カップ　酢大さじ1½　砂糖、しょうゆ各小さじ1　塩小さじ⅓）　ごま油小さじ1

作り方
❶切り干し大根はたっぷりの水の中でもみ洗いし、しんなりしたら水けをしぼり、3cm長さに切る。
❷豚肉は細切りにしてごま油でいため、ほぐれてきたらAを注ぎ、煮立てる。
❸ボウルに①と②を汁ごと入れてあえる。（検見﨑）

100g以下のおかず

レシピ **92** 便利な市販品でゆで豚をあえれば1品完成

ゆで豚のもずくあえ

材料（4人分）
豚ロース薄切り肉80g　市販の味つきもずく2パック（約200g）　おろししょうが1かけ分　しょうゆ小さじ1

作り方
❶豚肉は長さを3等分くらいに切ってゆで、ざるに上げて水けをきる。
❷ボウルにもずくとしょうゆをまぜ、①を加えてあえる。器に盛り、しょうがをのせる。（栗山）

レシピ **93** 削り節の香りが広がるシンプルな和風おかず

ゆで豚のおかかじょうゆあえ

材料（4人分）
豚ロース薄切り肉80g　新玉ねぎ¼個　削り節1パック（3g）　しょうゆ小さじ2

作り方
❶豚肉は長さを3等分くらいに切る。玉ねぎは薄切りにする。
❷ボウルに削り節としょうゆを入れて、まぜておく。
❸なべに湯を沸かし、①の豚肉をゆでる。水けをきったら②のボウルに入れてさっとあえ、器に盛り、玉ねぎを添える。食べる直前に全体をまぜる。（栗山）

レシピ **94** 半端材料だけでも、ごちそうスープになる！

細切りポークとミニトマトのスープ煮

材料（4人分）
豚バラ薄切り肉80g　ミニトマト8個　玉ねぎ¼個　A（チキンスープのもと小さじ1　水1カップ　ローリエ1枚）　塩、あらびき黒こしょう各適量

作り方
❶豚肉は繊維にそって1cm幅に切り、塩、こしょうを振る。ミニトマトはへたをとる。玉ねぎは3等分のくし形に切る。
❷なべにAと①の玉ねぎを強火にかけ、煮立ったら、①の豚肉とトマトを加えて弱火で10分ほど煮て、塩、こしょうで味をととのえる。（栗山）

レシピ **95** 肉と野菜を同じなべでゆでるから効率的

ゆで豚といんげんのごまマヨあえ

材料（4人分）
豚もも薄切り肉60g　さやいんげん100g　塩少々　A（すり白ごま、しょうゆ各小さじ2　マヨネーズ大さじ1）

作り方
❶豚肉は4cm幅に切る。いんげんはへたを切ってから、長さを半分に切る。
❷なべに湯を沸かし、塩を加えていんげんをゆでる。やわらかくなったらとり出して水けをきり、同じ湯で豚肉をゆで、ざるに上げる。
❸ボウルにAをまぜ、②を加えて、ざっとまぜ合わせる。（栗山）

レシピ **96** 酢じょうゆが肉にしみてクセになるおいしさ

豚肉の酢じょうゆ煮

材料（4人分）
豚こまぎれ肉100g　しょうがのせん切り½かけ分　赤とうがらしの小口切り少々　酒、酢、しょうゆ各小さじ2　サラダ油小さじ1

作り方
❶小なべにサラダ油としょうが、赤とうがらしを入れて弱火にかける。香りがしてきたら中火に変え、豚肉を加えていためる。肉の色が変わってきたら、酒を振る。肉の色が完全に変わったら、酢、しょうゆの順に加え、弱火で2～3分煮る。（栗山）

満足感のある食感を生かしてメインおかずに

鶏肉のおかず

淡泊な鶏肉は、こってり甘辛味からシンプル塩味までなんでも合います。うまみがたっぷりの骨つき肉もじょうずに活用しましょう。

和風煮物 バリエ

レシピ97

骨つき肉のうまみを大根に煮含ませて

手羽元と大根のこっくり煮

材料（4人分）
鶏手羽元8本　大根½本　大根の葉少々
だし2カップ　酒⅓カップ　砂糖大さじ2
しょうゆ大さじ3　サラダ油大さじ2

作り方

❶大根は大きめの乱切りにして、葉は塩少々（分量外）を加えた熱湯でさっとゆでる。

❷フライパンにサラダ油を熱して、大根をじっくりいためる。全体に油が回り、少しきつね色になったら、手羽元を加えてさらにいためる。

❸だし、酒を加え、煮立ったらアクを除いて砂糖、しょうゆを加え、落とし蓋をして15分ほど煮る。器に盛り、3～4㎝長さに切った大根の葉を添える。（今泉）

53円　献立ヒント　レシピ155＋レシピ520

65円　献立ヒント　レシピ192＋レシピ465

レシピ98　3素材だけだから下ごしらえがラク

シンプル筑前煮

材料（4人分）
鶏もも肉（大）1枚　ごぼう（大）1本　にんじん（大）½本　A（砂糖大さじ1½　酒大さじ1　だし1カップ）　みりん大さじ1　しょうゆ大さじ2　サラダ油大さじ1

作り方

❶ごぼうは皮をこそげて乱切りにし、さっと水にさらして水けをきる。鶏肉は一口大に切る。にんじんは乱切りにする。

❷フライパンにサラダ油を熱し、鶏肉を色が変わるまでいため、ごぼうとにんじんを加えてさらにいためる。

❸Aを加えて一煮立ちさせ、落とし蓋をして弱めの中火で15分ほど煮る。ごぼうがやわらかくなったら落とし蓋をとってみりんとしょうゆを加え、強火で照りが出るまでいりつける。（小林）

レシピ **99** 梅干しの塩加減で最後にしょうゆを加えても

鶏肉と長いものさっぱり煮

材料（4人分）
鶏もも肉1枚　長いも250g　梅干し（大）1個　だし1カップ　塩小さじ1弱　酒大さじ1

作り方
❶長いもは皮をむき、大きめの乱切りにする。鶏肉は一口大に切る。梅干しは種を除いて大きめにちぎる。
❷なべにすべての材料を入れ、鶏肉に火が通るまで中火で10分ほど煮る。（上田）

レシピ **100** こっくり味がごはんにもビールにも合う

鶏肉といんげんの甘辛煮

材料（4人分）
鶏もも肉2枚　さやいんげん200g　赤とうがらし1本　A（だし1カップ　砂糖大さじ3）　しょうゆ大さじ3　しょうがのみじん切り大さじ2　ごま油大さじ½

作り方
❶鶏肉は食べやすい大きさに切る。
❷いんげんはへたを切って半分の長さに切り、塩少々（分量外）を加えた熱湯でゆで、水にとって水けをきる。赤とうがらしは半分に切って種を除く。
❸フライパンにごま油を熱し、鶏肉を皮目から中火で3～4分焼き、裏返して赤とうがらしとAを入れる。煮立ったら落とし蓋をして5分煮る。
❹いんげん、しょうゆを加え、ひとまぜしてさらに5分煮る。落とし蓋をとって汁けがなくなるまで煮詰め、仕上げにしょうがを加えまぜる。（夏梅）

レシピ **101** オイスターソースを隠し味にプラス

ささ身とブロッコリーの薄くず煮

材料（4人分）
鶏ささ身（筋なし）6本　ブロッコリー1個　A（塩少々　酒大さじ1）　固形スープ1個　B（塩、オイスターソース各小さじ¼　こしょう、おろしにんにく各少々）　かたくり粉大さじ½　C（かたくり粉大さじ1　水大さじ2）　サラダ油大さじ1

作り方
❶ささ身は4等分のそぎ切りにし、Aで下味をつけ、かたくり粉をまぜる。
❷ブロッコリーは小房に分けて、大きいものは半分に切る。
❸フライパンにサラダ油を強火で熱してささ身をいため、色が変わったらブロッコリーを加え、さっといためて湯2カップ、固形スープを入れ、蓋をして2～3分煮る。
❹ブロッコリーに火が通ったらBを加え、Cの水どきかたくり粉でとろみをつける。（検見﨑）

レシピ 102

クリームコーンを加えて甘みたっぷり

鶏肉のコーンシチュー

153円　献立ヒント レシピ384＋レシピ464

材料（4人分）
鶏もも肉（大）1枚　玉ねぎ½個　にんじん1本　さやいんげん20本　クリームコーン缶1缶（400g）　固形スープ1個　牛乳1カップ　塩、こしょう各適量　バター大さじ1

作り方
❶鶏肉は一口大に切り、塩、こしょうを振る。玉ねぎは薄切りにする。にんじんは乱切りに、いんげんは4cm長さに切る。
❷なべにバターを熱して鶏肉をいため、玉ねぎ、にんじん、いんげんを加えてさらにいためる。クリームコーン、水1カップ、固形スープを加えて煮立てる。
❸10分煮て牛乳を加え、一煮立ちしたら塩、こしょうで味をととのえる。好みでパセリを振る。（森）

132円　献立ヒント レシピ416＋レシピ520

レシピ 103　淡泊な食材はカレー風味の煮物にもマッチ

鶏肉とカリフラワーのカレークリーム煮

材料（4人分）
鶏もも肉1枚　カリフラワー1個　玉ねぎ½個　しめじ1パック　パセリのみじん切り少々　A（塩小さじ⅓　こしょう少々）　B（バター、小麦粉各大さじ2）　カレー粉大さじ1～2　塩小さじ⅔　こしょう少々　牛乳1カップ　サラダ油、バター各大さじ1

作り方
❶鶏肉は3cm角に切り、Aを振って下味をつける。玉ねぎはみじん切りにし、しめじは根元を少し切り、食べやすくほぐす。
❷なべにサラダ油を熱して鶏肉を入れ、両面を焼きつけていったんとり出す。バターを入れて玉ねぎをしんなりするまでいため、しめじを加えてさらによくいためる。鶏肉を戻し、カレー粉を振っていため、水1カップを加え、蓋をして弱火で15分ほど煮る。
❸カリフラワーは小房に分けて、大きいものは縦半分に切り、②に加えて塩、こしょうを振り、さらに3～4分煮る。
❹室温でやわらかくしたBのバターに小麦粉を加えてよくまぜる。
❺③に牛乳を加え、煮立ったら④をとき入れて、とろみが出るまで煮る。器に盛り、パセリを振る。（大庭）

レシピ **104** れんこんは大きめに切ると食べごたえあり

骨つき肉とれんこんのトマト煮

材料（4人分）
鶏手羽中12本　れんこん1節　にんにく2かけ　塩、こしょう各適量　トマト水煮缶（ホール）1缶（400g）　固形スープ2個　トマトケチャップ大さじ2　オリーブ油大さじ1

作り方
❶れんこんは皮をむいて乱切りにし、酢水にさらす。にんにくは薄切りにする。
❷手羽中は塩、こしょうを振る。
❸なべにオリーブ油を熱してにんにく、手羽中をいため、色が変わったられんこんを加え、トマト、水3カップ、固形スープを加えて煮立てる。
❹15～20分煮てケチャップを加え、塩、こしょうで味をととのえる。器に盛り、好みでパセリを散らす。（森）

レシピ **105** 定番の洋風煮物が電子レンジでも作れる！

スピードポトフ

材料（4人分）
鶏もも肉2枚　セロリ1本　玉ねぎ（小）2個　ミニトマト1パック　A（固形スープ1個　水2カップ　ローリエ1枚　あれば粒こしょう小さじ½　塩小さじ⅔）　B（粉チーズ大さじ3　塩、こしょう各少々）

作り方
❶鶏肉は一口大に切る。セロリは筋を除いて4cmの長さに切り、縦に2～4等分して太さをそろえる。玉ねぎは4等分する。
❷耐熱容器に①を入れてAを注ぎ、ラップをかけて電子レンジで5分ずつ3回（計15分）加熱し、そのつど全体をまぜる。
❸へたをとったトマトを加え、器に盛ってBを振る。（夏梅）

レシピ **106** あっさり味のスープで肉のうまみが引き立つ

鶏肉と水菜、エリンギのスープ煮

材料（4人分）
鶏もも肉1枚　水菜1束　エリンギ1パック　固形スープ2個　塩、こしょう各適量　サラダ油小さじ2

作り方
❶水菜は根元を落として4cm長さに切る。エリンギは長いものは半分に切り、薄切りにする。
❷鶏肉は一口大に切って塩、こしょうを振り、なべにサラダ油を熱して皮目が下になるように入れる。
❸鶏肉がこんがりと焼けたら水3カップと固形スープを加えて煮立て、①を加えて7～8分煮る。塩、こしょうで味をととのえる。（森）

レシピ **107**

骨つき肉の外側はこんがり、中はジューシー

鶏のシンプル塩いため

材料（4人分）
鶏手羽先8本　にんにく1かけ　ねぎ1本　しゅんぎく½束　ミニトマト8個　A（しょうが汁大さじ1　塩小さじ¼）　B（酒大さじ2　塩小さじ⅓　こしょう少々）　オリーブ油大さじ1

作り方

❶手羽先の先をはさみで切り落とし、さらに骨の間に包丁を入れ2つに切り、Aで5分下味をつける。にんにくは縦半分にして芯をとり、包丁の腹でつぶしておく。
❷ねぎは3cm長さに切る。しゅんぎくは葉をつみとり、ミニトマトはへたをとる。
❸フライパンにオリーブ油と①の手羽先を入れ、中火で少し焦げるくらいまでいためる。
❹にんにくとねぎを加え、強火にしてBで調味し、水分がなくなったらしゅんぎくとミニトマトを加えてさっといため、火を止める。（夏梅）

いため物 バリエ

レシピ **108**

塩味が決め手。肉に塩をしっかり振って

焼き鳥味のチキンソテー

材料（4人分）
鶏もも肉2枚　しめじ1パック　大根おろし1カップ　青じそ10枚　みょうが1個　塩、こしょう、小麦粉各適量　サラダ油大さじ1

作り方

❶鶏肉の両面に塩、こしょう各少々を振り、下味をつける。しめじは石づきをとり、小房に分ける。
❷青じそはみじん切りに、みょうがは縦半分に切ってから小口切りにする。軽く水けを切った大根おろしに、青じそとみょうがをまぜておく。
❸フライパンにサラダ油を入れて中火で熱し、①の鶏肉に小麦粉をまぶして皮目から焼く。弱火で5分ほど焼き、焼き色がついたら裏返す。①のしめじを加え、蓋をして1分蒸し焼きにする。
❹蓋をとり、しめじに塩、こしょうを振り、しめじだけ先に盛りつける。
❺鶏肉の皮目を再び焼いてパリッとなったら、1cm幅に切って④に盛り合わせ、②、あればすだちを添える。（藤野）

レシピ **109** ほどよい酸味のケチャップ味が最高!

ささ身となすの甘酢いため

材料（4人分）
鶏ささ身（筋なし）6本　なす4個　A（塩、こしょう各少々　酒大さじ1）　固形スープ¼個　B（砂糖、酢、トマトケチャップ各大さじ3　塩小さじ½　しょうゆ小さじ2　酒、かたくり粉各大さじ1）　かたくり粉大さじ½　サラダ油大さじ3

作り方
❶ささ身はそぎ切りにしてAをもみ込み、かたくり粉をまぜる。なすは皮をしま目にむいて縦半分に切り、1㎝厚さの斜め切りにする。
❷湯½カップに固形スープを入れてとかし、Bを加えてまぜる。
❸フライパンにサラダ油大さじ2を熱してなすを入れ、中火で4～5分じっくりといため、全体がこんがりとしたらとり出す。
❹残りのサラダ油を足して強火でささ身をいため、肉の色が変わったら②を加えてまぜながら煮る。とろみがついたらなすを戻し、まぜながら一煮立ちさせて味をなじませる。（検見﨑）

レシピ **110** 鶏肉を香ばしく仕上げてボリュームサラダに

チキンソテー入りコールスロー

材料（4人分）
鶏胸肉1枚　キャベツ¼個　塩、こしょう各少々　A（マヨネーズ大さじ5　レモン汁大さじ½　塩、こしょう各少々）　小麦粉適量　サラダ油大さじ½

作り方
❶鶏肉は塩、こしょうを振って小麦粉を薄くまぶし、余分な粉ははたき落とす。
❷フライパンにサラダ油を熱して鶏肉を皮目のほうから入れ、蓋をして7～8分焼いて、こんがりしたら上下を返してさらに5～6分焼く。全体に火が通ったらとり出し、冷めてから、4～5㎜厚さに切る。
❸キャベツは細切りにする。
❹Aを合わせてまぜ、鶏肉とキャベツを加えてあえる。（検見﨑）

レシピ **111** ちょいピリ辛のエスニック風味が食欲を刺激

鶏肉と白菜のケチャップいため

材料（4人分）
鶏胸肉2枚　白菜⅙個　A（塩、こしょう、おろしにんにく各少々）　B（トマトケチャップ大さじ3　塩、こしょう、チリパウダー各少々）　サラダ油大さじ2

作り方
❶白菜は葉と軸に切り分け、それぞれ一口大に切る。
❷鶏肉は一口大のそぎ切りにし、Aをもみ込む。
❸フライパンにサラダ油を熱し、強火で②をいためる。周りの色が変わったら①の軸を加え、しんなりするまでいためる。
❹①の葉も加えいため、しんなりしたらBを加える。手早くいため合わせ、なじませる。（検見﨑）

レシピ 112

揚げたてに甘辛ソースをジュッとからめて

から揚げごまねぎソース

材料（4人分）
鶏もも肉2枚　A（しょうゆ大さじ1　ごま油小さじ2　おろししょうが1かけ分）焼き肉のたれ大さじ3　B（レモン汁大さじ2　ねぎのみじん切り¼本分　いり白ごま大さじ1）　小麦粉、揚げ油各適量

作り方

❶鶏肉は一口大に切ってAをもみ込み、小麦粉を全体にまぶす。170度の揚げ油でじっくり揚げ、最後に温度を上げてこんがりと揚げる。

❷焼き肉のたれ、Bをまぜ、熱いうちに①にかける。（坂田）

から揚げ バリエ

献立ヒント　110円　レシピ162＋レシピ377

レシピ 113

コクのある練乳マヨソースが揚げ物にマッチ

サクサクマヨから

材料（4人分）
鶏もも肉2枚　キャベツ¼個　A（ごま油小さじ1　卵白⅓個分　塩、こしょう各少々）　マヨネーズ大さじ8　B（コンデンスミルク大さじ2　塩、こしょう各少々）かたくり粉大さじ2　揚げ油適量

作り方

❶鶏肉は一口大に切る。Aをもみ込み、かたくり粉を加えてさらにもむ。

❷170度の揚げ油でじっくり揚げ、最後に温度を上げてこんがりと揚げる。

❸ボウルにマヨネーズ、Bをまぜて②をあえる。キャベツのせん切りを皿に盛り、あれば香菜を添える。（坂田）

献立ヒント　125円　レシピ380＋レシピ528

レシピ **114** 甘酢あんをからめた酢豚風おかず

鶏から甘酢いため

材料（4人分）
鶏のから揚げ 300g～350g　玉ねぎ1個　にんじん（小）1本　ピーマン2個　しいたけ4枚　A（しょうゆ、トマトケチャップ、酢、酒各大さじ2½　砂糖大さじ3　塩、こしょう各少々　水⅓カップ）　B（かたくり粉大さじ1　水大さじ2）　サラダ油大さじ1½

作り方
❶から揚げの大きいものは食べやすく切る。
❷玉ねぎは一口大に切り、にんじんは乱切りにしてかために塩ゆでする。ピーマンは一口大に切り、しいたけは石づきを除き、そぎ切りにする。
❸フライパンにサラダ油を熱し、にんじん、玉ねぎ、しいたけをいため、玉ねぎが透き通ってきたら①のから揚げとピーマンを加えてさっといためる。
❹Aの材料を合わせて③に加えて煮立て、Bの水どきかたくり粉をかげんしながら加え、とろみをつける。（今泉）

レシピ **115** 下味にカレー粉を加えてスパイシーに

鶏のカレーから揚げ

材料（4人分）
鶏もも肉2枚　A（焼き肉のたれ½カップ　カレー粉、サラダ油各小さじ2）　小麦粉大さじ6　揚げ油適量

作り方
❶鶏肉は筋と脂肪を除き、一口大に切る。
❷ボウルに鶏肉を入れ、Aを加えてもみまぜ、室温で30分ほどつける。
❸②の汁けをペーパータオルなどで軽くふき、ボウルに入れて小麦粉をもみ込む。
❹170度に熱した揚げ油で③を薄いきつね色になるまで揚げる。最後は高温にし、ときどき転がしながら1分ほどこんがりと揚げる。（小林）

レシピ **116** 熱いうちに南蛮酢につけるとなじみがいい

鶏から揚げとなすの南蛮漬け

材料（4人分）
鶏もも肉2枚　なす4個　塩、こしょう各少々　A（玉ねぎ½個　酢大さじ5　しょうゆ大さじ1½　赤とうがらしの輪切り1本分）　小麦粉、揚げ油各適量

作り方
❶なすはへたをとり、しま目に皮をむいて乱切りにする。水に2分さらし、ペーパータオルなどで水けをしっかりとふく。
❷鶏肉は一口大に切り、塩、こしょうで下味をつけ、小麦粉を薄くまぶす。
❸Aの玉ねぎは薄切りにし、ほかの材料とまぜてしんなりさせておく。
❹揚げ油を200度に熱し、①を5～6分揚げ、熱いうちに③につける。②を同じ油で7～8分揚げ、③につける。（夏梅）

レシピ 117

しょうが風味の手作りソースが決めて

鶏のふっくらフライパン酒蒸し

材料（4人分）
鶏もも肉2枚　ねぎ（青い部分）3本分　赤とうがらし1本　酒½カップ　A（ねぎのみじん切り10cm分　おろししょうが少々　砂糖小さじ1½　ごま油大さじ1　しょうゆ、酢各大さじ2）

作り方
❶鶏肉に塩少々（分量外）をまぶす。
❷フライパンに鶏肉を皮目を下にして並べ、ねぎ3本を間にはさんで酒を振り入れ、火にかける。沸騰したら弱火にして蓋をし、6～8分蒸す。食べやすい大きさに切って器に盛る。
❸ソースを作る。赤とうがらしを割って種を抜き、小口切りにしてAとまぜ、②にかける。（井澤）

104円　献立ヒント　レシピ401＋レシピ530

レシピ 118

彩り豊かで見た目も食欲をそそります！

鶏肉のパプリカ蒸し焼き

144円　献立ヒント　レシピ460＋レシピ517

材料（4人分）
鶏もも肉2枚　玉ねぎ1個　セロリ1本　パプリカ（赤、黄）各1個　にんにくの薄切り1かけ分　白ワイン½カップ　A（くだいた固形スープ1個分　ローリエ1枚　水½カップ）塩、こしょう、小麦粉各適量　オリーブ油大さじ2

作り方
❶鶏肉は1枚を半分に切る。塩、こしょうを振り、小麦粉をまぶす。
❷玉ねぎは縦半分に切って薄切り、セロリは斜め薄切り、パプリカは種とへたをとってからそれぞれ1cm角に切る。
❸フライパンにオリーブ油大さじ1とにんにくを入れて火にかけ、香りが立ったら①を皮目を下にして並べ入れる。こんがりと焼き、裏返して裏面も焼いてとり出す。
❹③のフライパンをふき、残りのオリーブ油を足して②をいため、白ワインを加える。
❺ワインのアルコール分がとんだら、Aを加えて③の鶏肉を戻し入れ、蓋をして5～6分蒸し煮にする。
❻鶏肉をとり出して食べやすく切り分ける。⑤の野菜に塩、こしょうして味をととのえて皿に盛り、鶏肉をのせ、好みでセロリの葉を添える。（吉田）

献立ヒント 61円 レシピ330＋レシピ459

レシピ **119** 蒸し汁ごと冷ますと胸肉がしっとりやわらか

蒸し鶏とトマトのサラダ

材料（4人分）
鶏胸肉2枚　トマト（大）2個　玉ねぎ¼個　A（塩、こしょう各少々　白ワイン大さじ1）　B（酢大さじ2　サラダ油大さじ4　塩小さじ½　こしょう少々）

作り方
❶鶏肉はAを振って下味をつけ、なべに入れて湯¼カップを注ぎ、蓋をして10分蒸し煮する。全体に火が通ったら火を止めてそのまま冷まし、2cm角に切る。
❷トマトはくし形に切り、玉ねぎはみじん切りにする。
❸Bはまぜ合わせ、玉ねぎを加えてドレッシングを作る。
❹鶏肉とトマトを合わせ、食べる直前に③であえる。（検見崎）

レシピ **120** 素材のうまみを生かすシンプル蒸し煮

手羽元とキャベツのワイン蒸し

材料（4人分）
鶏手羽元12本　キャベツ（小）1個　A（塩小さじ¾　黒こしょう少々）　B（水2カップ　チキンスープのもと1個　白ワイン大さじ3）　塩適量　こしょう少々

作り方
❶手羽元は熱湯でさっとゆでて水けをふき、Aで下味をつける。
❷キャベツは芯をつけたまま、8等分のくし形に切る。
❸深いなべに①、Bを入れて中火にかける。煮立ったらアクを除いて②をのせ、塩を軽く振り、蓋をして15～20分、キャベツがやわらかくなるまで弱火で煮る。味をみて塩、こしょうでととのえる。（今泉）

献立ヒント 85円 レシピ32＋レシピ379

献立ヒント 44円 レシピ311＋レシピ444

レシピ **121** 香味野菜たっぷりのソースであえて

蒸し鶏ともやしのナムル風

材料（4人分）
鶏ささ身（筋なし）4本　もやし1袋　A（ねぎ10cm　おろしにんにく少々　ごま油小さじ1　塩小さじ¼　砂糖小さじ½）　塩少々　酒大さじ1　一味とうがらし少々

作り方
❶ささ身は塩、酒を振り、なべに入れて湯¼カップを加える。蓋をして火にかけ、10分ほど蒸し煮にして火を通す。そのまま冷まして細く裂く。
❷もやしはひげ根を除き、熱湯でゆで、ざるに上げて湯をきる。
❸Aのねぎはみじん切りにして、ほかの材料とまぜ合わせる。
❹ささ身、もやしを合わせ、③でよくあえる。
❺器に盛り、一味とうがらしを振る。（検見崎）

子どもが大好き！　スピード調理に欠かせない

肉加工品のおかず

ベーコン、ハム、ウインナーソーセージを冷蔵庫に常備しておけば、豚肉や鶏肉のかわりに手軽に使え、うまみ出しにもなって便利です。

レシピ 122　ベーコンとバターでちょっと洋風の煮物に

ベーコンと里いものしょうゆバター煮っころがし

73円　献立ヒント　レシピ442＋レシピ417

材料（4人分）
ベーコン6枚　里いも5個　だし1カップ　しょうゆ大さじ2　バター大さじ1

作り方
❶ベーコンは3cm幅に切る。里いもは皮をむいて食べやすい大きさに切る。
❷なべにだしと里いもを入れて中火にかけ、5分ほど煮る。ベーコン、しょうゆ、バターを入れ、火を少し強めて煮汁を煮からめるようにさらに5分ほど煮て、里いもに火を通す。（上田）

レシピ 123　ベーコンのうまみが水菜にからんでおいしい

水菜のベーコンいため

材料（4人分）
ベーコン6枚　水菜300g　にんにく1かけ　塩小さじ⅓　こしょう少々　サラダ油大さじ½

作り方
❶水菜は根元を切り落とし、3〜4cm長さに切る。
❷ベーコンは1cm幅に切り、にんにくは薄切りにする。
❸フライパンにサラダ油と②を入れて弱火にかけ、ベーコンがカリカリになるまでいためる。①を加え、強火にしていため、塩、こしょうを振る。（大庭）

52円　献立ヒント　レシピ173＋レシピ437

66円　献立ヒント　レシピ395＋レシピ537

レシピ 124　縦半分に切ったベーコンを軸に巻いて

ブロッコリーのベーコン巻きフライ

材料（4人分）
ベーコン8枚　ブロッコリー1個　A（卵1個と水合わせて180mℓ　小麦粉1カップ　塩少々）　パン粉、揚げ油各適量

作り方
❶ブロッコリーは一口大の小房に分ける。茎のかたい部分は厚く皮をむき、1cm角の棒状に切る。
❷ベーコンは幅を半分に切り①に巻きつけてようじでとめる。
❸Aをボウルでまぜ合わせ②をくぐらせてパン粉をまぶす。
❹170度に熱した揚げ油で③をきつね色になるまで揚げる。器に盛り、好みで塩、レモン、ソースなどを添える。（瀬尾）

レシピ125 2素材だけでもボリュームたっぷり

ウインナとほうれんそうのオイスターソースいため

材料（4人分）
ウインナソーセージ6本　ほうれんそう（大）1束　にんにく1かけ　オイスターソース、酒各大さじ1　塩適量　黒こしょう少々　サラダ油、オリーブ油各大さじ1

作り方
1. ウインナは斜め2つに切る。ほうれんそうは5cm長さに切る。
2. フライパンにサラダ油を熱し、ほうれんそうをいため、塩、熱湯½カップを加えて煮立て、ざるに上げ、水けをしぼる。
3. フライパンにオリーブ油とにんにくをつぶして火にかけ、香りが立ったらウインナと②を入れていため、オイスターソース、酒、塩、黒こしょうで調味する。（今泉）

レシピ126 ウインナが入ると洋風仕立ての揚げ物に

ウインナとしいたけのかき揚げ

材料（4人分）
ウインナソーセージ6本　しいたけ4～5枚　玉ねぎ½個　天ぷら粉180mℓ　揚げ油適量

作り方
1. ウインナは5mm幅に切る。しいたけは1cm角、玉ねぎは1.5cm角に切る。
2. 天ぷら粉に冷水160mℓをまぜて①をさっくりまぜ、170度の揚げ油でカリッと揚げる。好みで塩、くし形に切ったレモンを添える。（今泉）

レシピ127 ウインナのうまみもだしに活用

ウインナといためとうふのトマトスープ

材料（4人分）
ウインナソーセージ4本　木綿どうふ½丁　玉ねぎ½個　固形スープ2個　トマトケチャップ大さじ2　塩、黒こしょう各少々　オリーブ油大さじ1

作り方
1. ウインナは薄切りに、玉ねぎは1cm角に切る。
2. なべにオリーブ油を熱し、玉ねぎをいためて木綿どうふを手でつぶして加え、ウインナも加えていためる。
3. 水4カップと固形スープを加えて煮立て、5分煮てケチャップ、塩、こしょうで味をととのえる。（森）

レシピ **128** 塩もみ野菜いためにハムを加えてアクセント

ハムと塩もみ大根、キャベツのしょうゆいため

材料（4人分）
ハム4枚　大根¼本　キャベツ1枚　酒大さじ1　しょうゆ小さじ2　塩、黒こしょう各少々　サラダ油小さじ2

作り方
①大根は皮をむいて皮とともに拍子木切りにする。キャベツは芯を除いてざく切りにし、芯は薄くそぐ。塩を振ってもみ、汁けをしぼる。
②フライパンにサラダ油を熱し、1cm幅に切ったハムをいため、①を加えてざっといためる。
③酒を振って水分をとばし、しょうゆ、こしょうで味をととのえる。（森）

レシピ **129** ハムとマヨの組み合わせは子どもに大人気

ハムと白菜のマヨ煮

材料（4人分）
ロースハム4枚　白菜⅛個分　A（白ワイン大さじ1　湯½カップ　ローリエ1枚　塩、こしょう、おろしにんにく各少々）　マヨネーズ大さじ3

作り方
①ハムは放射状に8等分に切る。
②白菜は葉と軸に切り分け、葉は3～4cm角のざく切り、軸はひとまわり小さいそぎ切りにする。
③なべに①と②、Aを加えて蓋をし、強火にかける。煮立ったら中火にしてときどきまぜ、7～8分蒸し煮にする。
④白菜がしんなりしたら火を止め、マヨネーズを加えまぜる。（検見﨑）

レシピ **130** ゆでたら水けをしっかりしぼってからあえて

ハムと水菜のあえ物

材料（4人分）
ハム6枚　水菜1束　わかめ（乾燥）小さじ2　A（酢、しょうゆ、ごま油、すり白ごま各大さじ1　砂糖小さじ½）

作り方
①ハムは半分に切って細切りにする。水菜は5cm長さに切り、さっとゆでて冷水にとり、水けをしぼる。わかめは水につけてもどし、ざく切りにする。
②①をあえて器に盛り、よくまぜたAを回しかける。（上田）

Part 3

ほかの素材との
組み合わせテクで、おいしさアップ

魚介が主役のごちそうおかず

**魚のおかずで食費減らしするなら、いかに相性がよく、
かさましに役立つ素材と組み合わせるかがポイント。
野菜はもちろんチーズでコクだし、とうふでかさまし、
乾物で滋味アップなど、工夫バリエはさまざま。
「料理の腕が上がったね！」という家族の声が聞こえます。**

鮭　あじ　かじき　たら　えび　いか　あさり

鮭

一年中安定した価格で買える鮭は、節約おかずにピッタリ。切り身のまま、一口大に、ほぐして、といろんな形で楽しみましょう。

レシピ 131

揚げたてを甘酸っぱいたれにしっかり漬けて

鮭の南蛮漬け

材料（4人分）
生鮭4切れ　万能ねぎ$\frac{1}{2}$束　A（赤とうがらし1本　しょうがの薄切り1かけ分　しょうゆ、砂糖、酢各大さじ$1\frac{1}{2}$　酒、水各大さじ1）　塩（下味用）少々　かたくり粉適量　サラダ油適量

作り方

1. 万能ねぎは3cm長さに切る。Aの赤とうがらしはへたをとり、中の種を除く。
2. Aの材料を耐熱ボウルに合わせて、電子レンジで1分30秒加熱する。
3. 鮭は一口大のそぎ切りにし、塩を振って5分ほどおく。表面の水けをペーパータオルでふきとり、かたくり粉を薄くまぶす。
4. フライパンに多めのサラダ油を入れて中火で熱し、③を入れて両面を2～3分かけてこんがりと揚げ焼きにする。
5. 揚がったものからどんどん②につけていく。①の万能ねぎを加えてあえ、器に盛る。

（藤井）

87円

献立ヒント
レシピ345＋レシピ418

87円

献立ヒント
レシピ402＋レシピ530

レシピ 132

鮭をほぐして野菜とまぜながらいただく

鮭ともやしのチャンチャン焼き

材料（4人分）
生鮭4切れ　もやし1袋　万能ねぎの小口切り3本分　塩小さじ$\frac{1}{4}$　A（みそ大さじ4　みりん大さじ2　砂糖大さじ1～$1\frac{1}{2}$）　サラダ油大さじ$\frac{1}{2}$

作り方

1. 鮭は塩を振って10分おき、水けをふく。Aはまぜ合わせる。
2. フライパンにサラダ油を熱し、鮭を強めの中火で3～4分焼く。上下を返してまわりにもやしを入れ、鮭の上にAをかけ、蓋をして弱めの中火で4分ほど蒸し焼きにする。途中、もやしをまぜる
3. 皿に盛り、万能ねぎを散らす。

（今泉）

レシピ 133 鮭の皮をとり除くと、魚のくさみが防げる

鮭と春野菜の蒸し煮

材料（4人分）
甘塩鮭2切れ　玉ねぎ(大)½個　キャベツ300g　グリンピース(正味)100g　固形スープ⅓個　塩、こしょう各少々　オリーブ油大さじ1½

作り方
❶鮭は腹骨をすきとり、皮をとり除く。一口大のそぎ切りにしてざるに入れ、熱湯をかけてくさみをとる。固形スープは1カップの湯でといておく。
❷玉ねぎは薄切りに、キャベツはざく切りにする。グリンピースは洗って水けをきる。
❸なべにオリーブ油を入れ、玉ねぎを中火で2〜3分いためる。キャベツ、グリンピース、鮭を入れ、①のスープを注ぎ、蓋をして10分蒸し煮にする。塩、こしょうで味をととのえる。（田口）

レシピ 134 ほぐした焼き鮭をひき肉がわりに

鮭コロッケ

材料（4人分）
甘塩鮭2切れ　じゃがいも5個　にんにく2かけ　さやいんげん10本　塩少々　A(粉チーズ大さじ2　牛乳大さじ2〜3　塩、こしょう、砂糖各少々)　小麦粉、とき卵、パン粉各適量　揚げ油適量

作り方
❶じゃがいもは皮をむいて4等分に切り、にんにくはつぶす。さやいんげんは筋をとって長さを半分に切る。
❷なべにじゃがいも、にんにく、かぶるくらいの水、塩を入れ、中火でじゃがいもがやわらかくなるまでゆでる。
❸鮭はグリルかフライパンで両面を焼き、皮と骨をとり、身をあらくほぐす。
❹②の湯を捨て、からいりして水分をとばし、マッシャーでつぶす。③、Aを加えてよくまぜる。あら熱がとれたら12等分して、それぞれ俵形にととのえる。
❺小麦粉、とき卵、パン粉の順に衣をつける。中温（160度〜170度）に熱した揚げ油で、先にさやいんげんを素揚げにし、続いてコロッケをこんがりと揚げる。器に盛り合わせる。（舘野）

レシピ 135 フライパン1つでパパッと作れる！

鮭と白菜の甘酢いため

材料（4人分）
甘塩鮭2切れ　白菜約⅛個　玉ねぎ¼個　パプリカ（赤・黄）各¼個　しょうがのせん切り1かけ分　A(酢大さじ2　酒、砂糖各大さじ1　塩小さじ½)　サラダ油大さじ1

作り方
❶鮭は一口大のそぎ切りにする。白菜は1㎝幅に切る。玉ねぎはくし形に切る。パプリカは5㎜幅の薄切りにする。
❷フライパンにサラダ油を熱し、しょうがを軽くいため、①の鮭を並べて少し焼き色がつくまで2分ほど焼く。玉ねぎを入れてさらに軽くいためる。
❸白菜、パプリカも加え、Aを注いで全体がしんなりするまで1〜2分いため、火を止める。（重信）

あじ

あじは、塩焼きやたたきの和風おかずに限らず、ハンバーグの洋風や、香味野菜といっしょに蒸した中華風など、バリエは豊富です。

レシピ 136

火の通ったトマトがソースがわりに

あじとトマトのパン粉焼き

材料（4人分）
あじ4尾　トマト2個　A（玉ねぎの薄切り1個分　にんにくのみじん切り大さじ1）塩、こしょう、小麦粉各適量　パン粉大さじ2　オリーブ油大さじ3

作り方
1 トマトは1㎝厚さの輪切りにする。
2 フライパンにオリーブ油大さじ1とAを入れて中火にかけ、玉ねぎがしんなりするまでいためて塩、こしょう各少々を振り、耐熱皿にとり出して広げる。
3 あじは三枚におろして、腹骨と小骨を除く。塩、こしょう各少々を振り、小麦粉をまぶす。
4 ②のフライパンをきれいにし、オリーブ油大さじ1を足して強火にかけ、③を皮目から両面を焼く。
5 ②の上に④、トマトを交互に並べ、塩小さじ⅓、こしょう少々を振る。パン粉を全体にかけて、オリーブ油大さじ1を振り、200度のオーブンで20〜30分焼く。（小林）

116円　献立ヒント　レシピ424＋レシピ393

レシピ 137

梅干しのほどよい酸味がきいた和風おかず

あじのソテー　梅ソース

材料（4人分）
あじ（三枚におろしたもの）4尾分　梅干し2個　A（酒、みりん各大さじ1　はちみつ大さじ½）B（しょうゆ大さじ½　水大さじ1）青じそのせん切り5枚分　塩、こしょう各少々　小麦粉適量　オリーブ油大さじ1

作り方
1 あじは塩水（分量外）で洗って水けをふき、塩、こしょうを振って小麦粉を薄くまぶす。
2 フライパンにオリーブ油を熱し、①の皮目を上にして並べる。焼き色がついたら裏返し、蓋をして弱火で2分ほど蒸し焼きにする。
3 あじを焼く間に、梅ソースを作る。梅干しは種を除いて包丁でたたく。耐熱ボウルにAを入れ、電子レンジで20秒加熱し、梅干し、Bをまぜる。
4 ②を器に盛り、③をかけて青じそを添える。（栗山）

101円　献立ヒント　レシピ313＋レシピ429

レシピ **138** トロ〜リチーズ入りで子どもたちにも人気

あじのベーコンチーズロールフライ

材料（4人分）
あじ4尾　ベーコン4枚　スライスチーズ4枚　青じそ8枚　塩、こしょう各適量　小麦粉、とき卵、パン粉、揚げ油各適量

作り方
1. あじは三枚におろして、腹骨と小骨を除き、塩、こしょうをする。ベーコンは長さを半分に切り、チーズも半分に切る。
2. あじを皮目を下にしておき、青じそ、ベーコン、チーズの順にのせてくるくると巻き、巻き終わりをようじ2本でとめる。
3. ②に、小麦粉、とき卵、パン粉の順に衣をつけ、170度の揚げ油できつね色に揚げる。
4. 食べやすく切って皿に盛りつけ、好みでサラダ菜とミニトマトを添える。（小林）

レシピ **139** たたいたあじで作るヘルシー和風バーグ

あじととうふのハンバーグ風

材料（4人分）
あじ4尾　A（木綿どうふ½丁　小麦粉大さじ4　塩、こしょう各少々）　にんじん2cm　ひじき（もどして）50g　ししとうがらし12本　B（みそ、砂糖、酒、おろししょうが各大さじ1　しょうゆ大さじ½　水大さじ3）　サラダ油大さじ1

作り方
1. あじは三枚におろして、腹骨と小骨、皮を除き、包丁であらくたたく。とうふは重しをして30分おいて水きりをする。
2. にんじんはせん切りにする。ししとうがらしは切り込みを1本入れる。
3. ボウルに①のあじ、にんじん、ひじき、Aを合わせてねりまぜ、8等分くらいにする。それぞれ厚さ1.5cmくらいの平らな円形にととのえる。
4. フライパンにサラダ油を熱し、③を並べ、あいたところにししとうがらしも入れて、いっしょに両面を5〜6分焼く。ししとうがらしは焼けたら先に器にとり出す。
5. よくまぜたBを加え、中火で煮からめる。（小林）

レシピ **140** 香味野菜をたっぷり合わせて豪華な1品に

あじの中華風レンジ蒸し

材料（4人分）
あじ4尾　ねぎの青い部分1本分　ねぎの白い部分¼本　パプリカ（黄）⅛個　香菜（または三つ葉）適量　A（酒大さじ2　塩小さじ1）　B（ごま油、しょうゆ各大さじ1　しょうが汁小さじ2　砂糖小さじ½）

作り方
1. あじはぜいごをそぎ落とし、内臓とえらをとり除いて流水で洗って、水けをふきとる。表面に斜めに3本の切り目を入れる。ねぎの青い部分は長さを半分に切る。
2. ねぎの白い部分は4〜5cm長さに切り、切り目を入れて芯を除き、端からせん切りにする。パプリカは長さを半分に切ってからせん切りにし、香菜はざく切りにする。全部を合わせて水に1分ほどさらし、水けをきる。
3. 耐熱皿にねぎの青い部分の半量をのせ、その上にあじ2尾を、頭を左にしてのせる。Aの半量を振り、ラップをかけ、電子レンジで6〜7分加熱する。残りの2尾も同様に加熱する。
4. ③のあじを皿に盛りつけ、②をのせる。小なべにBを合わせて熱して回しかける。（小林）

かじき

あっさり淡泊なかじきは、ちょっと濃いめの味つけにするのがポイントです。大人も子どもも喜ぶメニューになることまちがいなし。

レシピ **141**

淡泊なかじきにコクのあるたれをからめて

かじきのバター照り焼き しそねぎのせ

材料（4人分）
かじきまぐろ4枚　ねぎ10㎝　青じそ3～4枚　塩、こしょう、小麦粉各適量　酒大さじ1½　焼き肉のたれ(中辛)大さじ3　バター大さじ1½

作り方

❶ねぎは長さを半分に切って白髪ねぎ（縦に切り込みを入れて開き、せん切りにし、水にさらす）にし、青じそはせん切りにする。かじきは軽く塩、こしょうをし、小麦粉をまぶす。

❷フライパンにバターを熱し、かじきを入れて両面をこんがりと焼く。酒を振って蓋をし、4～5分蒸し焼きにする。

❸蓋をとり、なべ肌から焼き肉のたれを加えて全体に味をからめる。

❹器に盛って、ねぎと青じそを天盛りにする。（井澤）

107円　献立ヒント　レシピ30＋レシピ535

レシピ **142**　ピリッと辛い酢じょうゆがごはんにピッタリ

かじきの酢豚風いため

材料（4人分）
かじきまぐろ200g　にんじん½本　玉ねぎ½個　干ししいたけ(もどしたもの)3枚　絹さや10枚　A(しょうゆ大さじ1　酒大さじ½)　B(しょうゆ大さじ1　酢小さじ2　砂糖小さじ1½　ごま油小さじ1　豆板醤小さじ⅓　にんにくのみじん切り少々)　C（かたくり粉小さじ1　水大さじ1）かたくり粉大さじ1½　揚げ油適量

作り方

❶かじきは一口大のそぎ切りにし、Aで下味をつける。

❷にんじんは5㎜厚さの輪切り、玉ねぎは一口大、しいたけは軸をとっていちょう切り、絹さやは筋をとる。

❸①の汁けをふき、かたくり粉をまぶして180度の揚げ油で揚げて油をきる。にんじん、玉ねぎ、しいたけの順に揚げ、最後に絹さやを入れて油通しする。

❹フライパンに、まぜ合わせたBを入れて煮立て、Cの水どきかたくり粉でとろみをつけ、③を加えてからめる。（ほりえ）

102円　献立ヒント　レシピ383＋レシピ524

レシピ **143** 揚げる前のかじきにカレー粉をつけて隠し味

かじきの揚げ焼き野菜あんかけ

材料（4人分）
かじきまぐろ4切れ　玉ねぎ1個　ピーマン3個　ミニトマト12個　塩、カレー粉各少々　A（めんつゆ<ストレートタイプ>大さじ4　トマトケチャップ大さじ2　酢大さじ1　かたくり粉小さじ1）　小麦粉適量　サラダ油大さじ3～4

作り方
❶かじきは水けをふき、塩、カレー粉を振って1分くらいおいて下味をつける。小麦粉を薄くまぶす。
❷玉ねぎは一口大に切り、ピーマンは種とへたをとり除いて一口大に切る。
❸Aはよくまぜ合わせておく。
❹フライパンにサラダ油を入れて中火に熱し、①を入れて3～4分かけて両面をこんがりと揚げ焼きにして皿に盛る。
❺フライパンにサラダ油大さじ1くらいを残して残りの油をふきとり、②とへたをとったミニトマトをいためる。全体に油が回ったら③を回し入れ、煮立ったら火を止めて④にかける。（藤井）

レシピ **144** 色鮮やかなアスパラを合わせボリューム満点

かじきとアスパラいため

材料（4人分）
かじきまぐろ4切れ　グリーンアスパラガス10本　塩、こしょう各少々　焼き肉のたれ大さじ3　サラダ油大さじ2

作り方
❶アスパラガスは下のかたい部分を切り落とし、4cm長さに切る。
❷かじきは1cm幅の棒状に切る。
❸フライパンにサラダ油を熱し、①の茎部分をいためる。色鮮やかになったら穂先と②を加えていため、軽く塩、こしょうする。焼き肉のたれを加え、全体にからめながらいためる。（坂田）

レシピ **145** 衣のとき卵に黒ごまをたっぷり加えて

かじきのごまピカタ

材料（4人分）
かじきまぐろ4切れ　とき卵1½個分　黒ごま大さじ5　塩、こしょう、薄力粉、サラダ油各適量

作り方
❶かじきはそれぞれ半分に切り、塩、こしょうを振ってから薄力粉をはたく。
❷とき卵に黒ごまをまぜ合わせる。
❸①を②にくぐらせてから、サラダ油を熱したフライパンで両面焼く。
❹好みでキャベツのせん切りと赤ピーマンの薄切りを合わせて器に盛り、③を盛る。あれば、ゆずこしょう（またはねりがらし）を添える。（渡部）

レシピ146

材料の下にこぶを敷くと風味がアップ

たらの包み蒸し

たら

たらの身のプルプルとした食感を生かしたいので、加熱しすぎは注意したいもの。ごまやマヨネーズなどコクのある味がよく合います。

材料（4人分）

甘塩たら4切れ　にんじん½本　まいたけ1パック　三つ葉¼束　A（みそ、みりん各大さじ1½）　こぶ（3cm×5cm）4枚

作り方

1. にんじんはピーラーで7～8cm長さの薄切りにする。まいたけは小房に分ける。
2. クッキングシートを正方形に切って広げる。まん中にこぶ1枚を敷き、①のにんじんの¼量を敷く。合わせたA少々を塗り、たら1切れをのせる。まいたけの¼量を添えて、全体にAをかける。手前と奥の紙を合わせ2～3回折り込んでから、左右をねじって閉じる。これを4個作る。電子レンジに入れ、10分加熱する。
3. 三つ葉はざっと刻み、食べる直前に②を開けて散らす。（栗山）

180円

献立ヒント　レシピ328＋レシピ465

レシピ147

大根おろしは最後に加え、すぐ火を止めて

揚げたらのおろし煮

材料（4人分）

生たら4切れ　大根½本弱　ブロッコリー1株　A（酒大さじ1　塩、しょうが汁各少々）B（めんつゆ<ストレートタイプ>⅔カップ　酢大さじ2　ごま油大さじ1　赤とうがらし<半分にちぎる>1本）　かたくり粉少々　揚げ油適量

作り方

1. 大根は皮をむいておろし、ざるに上げて水けを軽くきる。
2. たらは骨をとって一口大に切り、Aで下味をつける。ブロッコリーは小房に分ける。
3. 揚げ油を175度（低めの中温）に熱し、ブロッコリーをさっと揚げる。かたくり粉をまぶしたたらを、カラリとするまで揚げる。
4. なべにBを入れて煮立て、③を加えて2～3分煮る。①を加えて火を止める。（藤野）

163円

献立ヒント　レシピ436＋レシピ410

レシピ **148** たらと酸味のあるトマトスープが相性抜群

たらのトマトなべ

材料（4人分）
生たら4切れ　じゃがいも2個　セロリ2本　ウインナ、赤ウインナ各4本　玉ねぎ1個　にんにく2かけ　A（トマト水煮缶1缶　水4カップ　固形スープ2個　ローリエ1枚）塩、黒こしょう、小麦粉各適量　オリーブ油大さじ4

作り方
❶たらは1切れを3等分にし、塩、こしょうして小麦粉をまぶす。
❷じゃがいもは乱切りにし水にさらす。セロリは乱切りにする。
❸ウインナ、赤ウインナは格子状に切り込みを入れる。
❹玉ねぎは薄切りにし、にんにくはあらいみじん切りにする。
❺なべにオリーブ油大さじ2を熱し、①を並べ入れ、両面をこんがり焼きつけて一度とり出す。
❻⑤のなべにオリーブ油大さじ2を足し、④、②の順に加えていため、Aを入れて煮る。
❼じゃがいもがやわらかくなったら③を加え、⑤のたらを戻して一煮し、塩、こしょうで調味する。仕上げに、好みで生バジルを加える。（吉田）

レシピ **149** あたためた魚と野菜にソースをかけるだけ

たら里いものごまソース

材料（4人分）
生たら4切れ　ねぎ1本　里いも3～4個　塩、こしょう各少々　酒大さじ4　ごまだれ大さじ8

作り方
❶たらは軽く塩、こしょうし、耐熱皿に並べる。
❷ねぎは斜め薄切りにし、①の上にたっぷりのせる。酒を回しかけてラップをし、電子レンジで4～5分加熱する。
❸里いもは皮をむいて半分に切り、水を張ったなべに入れる。中火にかけ、竹ぐしがすっと通るまで8～10分ゆでる。
❹ごまだれと②の蒸し汁大さじ2をまぜ合わせる。
❺器に②、③を盛り、④を回しかける。（坂田）

レシピ **150** マヨネーズベースのソースで手間いらず

たらとブロッコリーのマヨグラタン

材料（4人分）
たら4切れ　ブロッコリー（大）1個　A（塩小さじ⅔　こしょう少々　白ワイン大さじ1）　B（玉ねぎのみじん切り、マヨネーズ各大さじ3　塩、こしょう各少々、牛乳大さじ1）　ピザ用チーズ60g　小麦粉適量　オリーブ油大さじ1

作り方
❶たらはそぎ切りにし、Aをからめて10分おく。水けをふいて小麦粉をまぶし、オリーブ油を熱したフライパンで両面を香ばしく焼く。
❷ブロッコリーは小さめの小房に分け、茎は皮を厚くむいて食べやすく切る。塩（分量外）を多めに加えた熱湯でゆで、ざるに上げて水けをよくきる。
❸耐熱皿に①、②を並べ、まぜ合わせたBをところどころにかけ、チーズを散らしてオーブントースターで5分ほど焼く。（今泉）

えび

プリプリの歯ごたえが大人気のえび。野菜と組み合わせると色みもキレイ。安くて調理が簡単なむきえびもじょうずに活用しましょう。

レシピ **151**

卵と青菜を組み合わせて色彩豊富に

えびと小松菜、卵のいため物

材料（4人分）
むきえび 200g　小松菜1束　卵3個　A（酒、かたくり粉各小さじ1　塩少々）　塩、こしょう各適量　サラダ油大さじ2強

作り方

❶むきえびはAをもみ込み、水洗いをする。小松菜は根元を落とし、5㎝長さに切る。

❷卵はざっとときほぐし、塩、こしょうをする。

❸フライパンにサラダ油大さじ2を熱し、②をさっといためて半熟状になったらとり出す。

❹サラダ油少々をフライパンに熱し、えびをいためる。色が変わってきたら、小松菜を加えて強火でいため、塩、こしょうをする。卵を戻し入れ、さっといためて器に盛りつける。（平野）

108円　献立ヒント　レシピ289＋レシピ523

135円　献立ヒント　レシピ30＋レシピ534

レシピ **152**

すり身のふわふわをれんこんでサンド

えびのれんこんバーグ

材料（4人分）
A（むきえび 300g　れんこん50g　玉ねぎ$\frac{1}{4}$個　パン粉大さじ2　とき卵$\frac{1}{2}$個分　塩、こしょう各適量）　れんこん約10㎝　B（しょうゆ、砂糖、酒各大さじ2）　サラダ油大さじ1

作り方

❶Aをフードプロセッサーにかけ、12等分にしておく。丸く形をととのえ、中央を指でへこませる。

❷れんこんは皮をむき、全部で24枚になるように薄い輪切りにし、かたくり粉（分量外）を両面につける。2枚で①をはさむようにし、これを12個作る。

❸フライパンにサラダ油を熱し、②の両面に中火で焼き色をつける。蓋をして中まで火を通す。

❹③に、Bを加えて照り焼きにする。器に盛り、好みでゆでたブロッコリーを添える。（祐成）

レシピ **153** 八宝菜よりも下ごしらえが断然ラク

三宝菜

材料（4人分）
むきえび150g　白菜¼個　ねぎ½本　ベーコン3枚　しょうがのみじん切り小さじ1　A(鶏がらスープのもと小さじ2　水¾カップ　酒大さじ1　塩、こしょう各少々)　かたくり粉大さじ1　サラダ油、ごま油各大さじ1

作り方
❶白菜は3㎝幅に切り、軸と葉に分ける。ねぎは斜め薄切りにする。ベーコンは3㎝幅に切る。
❷フライパンに湯を沸かし、サラダ油、塩各適量（分量外）を加える。白菜の軸をやわらかくゆでてとり出し、水けをきる。次に同じ湯でえびをさっとゆでて水けをきる。
❸フライパンをきれいにし、サラダ油を熱し、しょうが、ねぎを弱火で香りが出るまでいためる。ベーコンをほぐし入れてさっといため、白菜の葉も加えていためる。よくまぜ合わせたA、白菜の軸、えびを加えて一煮立ちさせる。
❹かたくり粉を同量の水でといて加え、とろみがついたら仕上げにごま油を回し入れる。（小林）

レシピ **154** 身が縮まないよう、殻つきのまま蒸しゆで

えびと白菜の中華風クリーム煮

材料（4人分）
えび12尾　白菜¼個　にんにく1かけ　A(塩少々　酒大さじ½　かたくり粉小さじ2)　牛乳2カップ　B(固形スープ½個　塩、こしょう各少々　オイスターソース小さじ½)　かたくり粉大さじ2　サラダ油大さじ2

作り方
❶えびは尾と1節を残して殻をむき、背わたを除いて背に切り込みを入れ、Aをもみ込んで下味をつける。
❷白菜は大きめのざく切りにし、にんにくはみじん切りにする。
❸フライパンにサラダ油を強火で熱し、にんにく、えびをいためる。えびの色が変わり始めたら白菜を加えてさっといため、蓋をして2～3分蒸し煮にする。
❹白菜がしんなりしたら、牛乳とBを加えてまぜながら一煮立ちさせ、かたくり粉を倍量の水でといて回し入れ、とろみをつける。（検見崎）

レシピ **155** ほのかに香るわさびが隠し味に

えびともやしのわさびじょうゆ

材料（4人分）
えび12尾　もやし1袋　塩少々　酒大さじ2　おろしわさび、しょうゆ各適量

作り方
❶えびは背わたを除き、なべに入れて塩、酒をからめる。えびの半分の高さくらいまで湯を注ぎ、蓋をして火にかけ、8～10分蒸しゆでにし、火を止めてそのまま冷ます。
❷えびの殻をむいて厚みを半分にそぐ。
❸もやしはひげ根を除き、熱湯でさっとゆでる。
❹えびともやしを器に盛り、わさびを添えて、しょうゆをかける。（検見崎）

いか

いかは「えんぺら」や「げそ」まで使いきり。塩の入った湯でゆで、オリーブ油少々をからめた「塩ゆでいか」を常備すると便利です。

レシピ 156

いかの皮もげそもムダなく使って

いかと里いもの和風いため煮

材料（4人分）
いか1ぱい　里いも500g　グリンピース大さじ1　A(だし1カップ　しょうゆ大さじ1　砂糖大さじ2　酒大さじ3)　ごま油大さじ1

作り方

❶里いもはおしりの部分を切り落とし、皮を六面にむいてボウルに入れて塩少々（分量外）を振る。手でもんでぬめりを出し、水で洗う。
❷いかは内臓ごと足を引き抜き、軟骨もとり除く。足を切り離し、くちばしをとる。足の吸盤を包丁でこそげ落とし、胴も足もよく洗って水けをふく。胴は1㎝幅の輪切りに足は長さを半分に切る。
❸なべにごま油を入れて中火で熱し、①をいためる。全体に油が回ってつやつやしたら、②とAを加えて強火で煮る。
❹煮立ったらアクをとり、落とし蓋をして弱火で 20 分ほど煮る。グリンピースを加えてさらに2分ほど煮る。(藤野)

献立ヒント
63円　レシピ210＋レシピ394

レシピ 157

人気の中華おかずをいかでアレンジ

いかとキャベツのみそいため

材料（4人分）
いか2はい　キャベツ¼個　にんにく1かけ　A(甜麺醤大さじ3　豆板醤小さじ1)　しょうゆ大さじ½　ごま油大さじ1

作り方

❶いかは内臓を除き、えんぺらをはずす。胴は皮をむいて開き、表側に5㎜幅の斜め格子状の切り目を入れて一口大に切る。えんぺら、足は食べやすく切る。
❷キャベツは一口大のざく切り、にんにくはみじん切りにする。
❸フライパンにごま油を強火で熱し、にんにく、いかをいためる。いかの色が変わり始めたらAを加えて調味し、キャベツを加えてまぜ、蓋をして2～3分蒸し煮にする。キャベツがしんなりしたら蓋をとり、水けをとばすようにいため、しょうゆを加える。(検見﨑)

献立ヒント
55円　レシピ30＋レシピ520

レシピ158 塩ゆでしたいかを多めに作っておくと便利

いかとトマトのマリネ

材料（4人分）
塩ゆでいか1ぱい分　トマト2個　玉ねぎ1個　A（酢、水各大さじ3　砂糖小さじ1　塩小さじ½　こしょう少々）　オリーブ油大さじ3

作り方
❶玉ねぎは薄切りにして、塩小さじ½（分量外）をまぶして軽くもみ、さっと洗う。トマトはくし形に切る。
❷ボウルにAを混ぜ合わせ、いか、①を加えてまぜる。味がなじむまでしばらく冷蔵庫におく。
❸食べる直前にオリーブ油を加えてまぜ、好みでパセリを散らす。（瀬尾）

レシピ159 塩ゆでいかでもう1品。落ち着く和風おかず

いかと切り干し大根の煮物

材料（4人分）
塩ゆでいか1ぱい分　切り干し大根40g　しょうゆ、みりん各大さじ1½

作り方
❶なべに水3カップと材料を全部（切り干し大根は乾燥のまま）入れる。強火にかけて煮立て、アクが出ればとり除く。
❷落とし蓋をして、弱めの中火で煮汁がなべ底から1cmくらい残るまで煮る。煮汁につけたまま冷めるまでおき、味を含ませる。（瀬尾）

レシピ160 一口かめば磯の香りがじんわり広がる

いかのもずく衣揚げ

材料（4人分）
いか2はい　生もずく200g　A（卵1個　冷水1カップ弱　小麦粉1カップ）　小麦粉、揚げ油各適量

作り方
❶いかはわたを抜き、皮をむく。格子状に切り目を入れ、3cm×8〜9cmくらいの短冊形に切る。足は2本ずつに切り分ける。
❷もずくはざく切りにし、ざるに上げて水けをきる。
❸ボウルにAの材料を順に入れてざっくりとまぜ、②を加えまぜる。
❹①に小麦粉をまぶし、③の衣をからめ、180度に熱した揚げ油でカラリと揚げる。
❺皿に盛りつけ、好みでくし形に切ったレモンを添え、塩を振る。（吉田）

あさり

あさりがたっぷり含む“うまみ”もごちそうのひとつ。多めに買ったら、砂出しして冷凍しておきましょう。使うときは凍ったままで。

レシピ161 あさりから出ただしでレタス1個ペロリ!

あさりとレタスの蒸し煮

材料（4人分）
あさり(殻つき)1カップ　レタス1個　しょうがの薄切り2～3枚　酒¼カップ　塩小さじ⅓　A(かたくり粉大さじ1　水大さじ1½)

作り方

①あさりは砂出しし、殻をこすり洗いして水けをきる。
②レタスは芯をくりぬいて、大きめにちぎる。しょうがはせん切りにする。
③フライパンにあさり、しょうが、酒を入れて煮立て、殻があくように少しフライパンを揺する。
④あさりの殻があいたらレタスを加えて塩を振り、蓋をして強火で約2分蒸し煮にし、Aの水どきかたくり粉でとろみをつける。(夏梅)

レシピ162 少量の水で蒸して貝からうまみを引き出す

アスパラあさり

材料（4人分）
あさり（殻つき)2カップ　グリーンアスパラガス8本　キャベツ1～2枚　ミニトマト5個　A(にんにくのみじん切り少々　オリーブ油小さじ2　水大さじ3　塩ごく少々)

作り方

①あさりは殻をこすり合わせるようにして洗い、塩少々（分量外）を加えた水につけて暗いところに2～3時間おいて砂出しをする。
②アスパラガスは根元のかたい部分を切り落とし（または折り)、下から⅓くらいまで皮をむく。キャベツは2cm角に切る。ミニトマトはへたをとって半分に切る。
③アスパラガスが長いまま入る大きさのなべ、またはフライパンを用意し、A、①、②を入れ、蓋をして強めの中火にかける。
④湯げが出てきたら、たまになべを揺すりながらあさりの口があくまで2～5分ほど火を通し、器に盛る。(牧原)

レシピ163 あさりとキムチのうまみが相乗効果を発揮

あさりのキムチ煮

材料（4人分）
あさり（殻つき）2カップ　キムチ250g　万能ねぎ1束　A(酒大さじ2　水¼カップ）しょうゆ少々　ごま油大さじ2

作り方

①あさりは塩水に1時間ほどひたして砂をはかせ、殻をこすり合わせるように洗う。
②キムチは一口大に切る。万能ねぎは2cm長さに切る。
③なべにごま油を熱して②のキムチをいため、全体に油が回ったら①を加える。
④Aを加えて煮立て、あさりの口があいたら、しょうゆ、②の万能ねぎを加える。ひとまぜして火を止め、器に盛る。(藤井)

Part 4

冷蔵庫にあるもので１品、
と思ったときに大助かり

卵・大豆製品が主役のおかず

家計のお助け食材といえば、
安くて、ボリュームアップ食材としても重宝な卵と大豆製品。
冷蔵庫にいつもある、という家庭がほとんどでしょう。
特に卵は卵焼き、オムレツ、卵とじなど、ワザあり調理テクをマスターすれば、
毎日のおかず作りがグンと楽になります。

卵のおかず

とうふのおかず

油揚げのおかず

調理テクのバリエをふやせば食費ダウン

卵のおかず

卵焼き

卵焼き、オムレツ、茶わん蒸しなど、さまざまな調理が楽しめる卵。組み合わせる食材をアレンジすれば、さらにバリエが広がります。

47円
献立ヒント レシピ305＋レシピ371

レシピ164

4種の野菜が入ってボリューム満点

野菜たっぷり 和風卵焼き

材料（4人分）
卵4個　さやいんげん50g　にんじん½本　ごぼう50g　しいたけ3枚　ねぎ½本　A（砂糖大さじ1½　しょうゆ小さじ1　塩少々）ごま油大さじ1

作り方

❶いんげんは3cm長さに切る。にんじんはせん切りにし、ごぼうはささがきにして水にさらし、水けをきる。しいたけは石づきをとって薄切りにし、ねぎは斜め薄切りにする。

❷フライパンにごま油を熱し、中火で①をしんなりいため、Aで調味し、汁けがなくなるまでいためる。

❸ときほぐした卵を回し入れて、大きくまぜ、半熟状にして広げる。弱火で3～4分焼き、細長く3つ折りにしてとり出し、あら熱がとれたら切り分ける。（夏梅）

19円
献立ヒント レシピ302＋レシピ467

レシピ165

レンジでチンしたかぼちゃをまぜ込んで

かぼちゃ入り厚焼き卵

材料（4人分）
卵4個　かぼちゃ150g　A（だし大さじ4　砂糖大さじ2　薄口しょうゆ小さじ1　塩少々）　サラダ油適量

作り方

❶かぼちゃは皮をところどころむき、ラップで包んで電子レンジで3分加熱する。ラップをしたままあら熱をとり、1cm角に切る。

❷卵はときほぐし、A、①の順に加えてまぜる。

❸卵焼き器にサラダ油を熱して、余分な油はペーパータオルでふく。②を⅓量ほど入れて焼き、手前から向こう側に巻く。あいた部分にサラダ油を塗って、残りの卵液の半量を流し入れて巻き、もう一度同じ作業を繰り返す。形をととのえながら巻いて焼き上げ、食べやすい大きさに切る。器に盛り、好みで大根おろしにしょうゆをかけて添える。（藤野）

レシピ 167 せん切り大根でシャキシャキの歯ごたえ

大根のめんたい卵焼き

材料（8〜10枚）
卵4個　大根½本　大根の葉適量　からし明太子½腹　サラダ油大さじ2

作り方
❶大根は皮をむいて5cm長さのせん切りにし、葉は5mm幅に切る。明太子はほぐす。
❷フライパンにサラダ油大さじ1を熱して大根をいため、油が回ったら葉も加えていため、明太子を加えてさっといためる。
❸大きめのボウルに卵をときほぐし、②をまぜる。
❹フライパンに残りのサラダ油を熱し、③を直径7〜8cmに流し入れて両面焼く。（藤野）

レシピ 166 にらの香りとじゃこの塩けがごはんに合う

にらとじゃこの卵焼き

材料（4人分）
卵4個　にら40g　ちりめんじゃこ20g　しょうゆ、みりん各小さじ2　ごま油大さじ1

作り方
❶にらは1cm長さの小口切りにする。
❷卵はときほぐし、しょうゆ、みりんを入れてまぜ、①とじゃこを加え、まぜ合わせる。
❸フライパンにごま油を熱して②を流し入れ、大きくかきまぜ、ふちが固まってきたら、奥から手前に2〜3回倒すようにして巻く。
❹食べやすい大きさに切って、器に盛る。（重信）

レシピ 169 アスパラを詰めたちくわを卵で巻いて

ちくわの卵焼き

材料（4人分）
A（卵4個　しょうゆ小さじ½）
ちくわ1本　グリーンアスパラガス½本　サラダ油適量

作り方
❶アスパラガスはかたい部分を除き、根元の皮をむき、かために塩ゆでし、ちくわの穴に詰める。
❷ボウルにAを入れてときほぐす。
❸卵焼き器またはフライパンにサラダ油を薄く塗って熱し、②の卵液適量を流し広げる。半熟状に固まったら①をのせ、だし巻き卵の要領で焼く。食べやすく切って器に盛る。（小林）

レシピ 168 マヨとかにかまの組み合わせは子どもに好評

かにマヨ卵焼き

材料（4人分）
卵3個　かに風味かまぼこ3本
パセリのみじん切り、マヨネーズ各大さじ1　しょうゆ小さじ½
サラダ油適量

作り方
❶ボウルに半分に切ってほぐしたかにかま、パセリ、卵、水大さじ2、マヨネーズ、しょうゆを入れ、箸でときほぐす。
❷卵焼き器に薄くサラダ油を塗って熱し、卵液を数回に分けて流しては巻くを繰り返し、卵焼きを作る。最後は両面を軽く焼きつける。
❸まないたなどにとり出し、ペーパータオルで包んで落ち着かせ、切り分ける。（小林）

オムレツ

レシピ **170**

じっくりいためて、いもの甘みを引き出す

スパニッシュオムレツ

材料（4人分）
卵4個　じゃがいも（男爵）3個　A（塩、こしょう各少々　粉チーズ大さじ2）　オリーブ油大さじ4

作り方
❶じゃがいもは7㎜厚さの輪切りにする。大きいものは半月切りにする。
❷小さめのフライパンにオリーブ油を熱し、弱めの中火で①をじっくりいためる。
❸卵はときほぐし、Aをまぜる。
❹じゃがいもがやわらかくなったら、③を流し入れる。弱火にし、蓋をして底のほうが固まるまで、3分ほど焼く。
❺焼き色がついたら、平皿をかぶせて一度とり出して、フライパンに戻し、両面をさっと焼く。食べやすい大きさに切って器に盛る。（藤野）

25円　献立ヒント　レシピ397＋レシピ514

61円　献立ヒント　レシピ383＋レシピ526

レシピ **172**

酸味のあるエスニックだれが大人の味

スペイン風オムレツ ナンプラーだれがけ

材料（4人分）
卵4個　トマト2個　豚ひき肉150g　玉ねぎのみじん切り½個分　A（塩小さじ⅓　こしょう少々）　にんにくのみじん切り1かけ分　B（レモン汁½個分　ナンプラー大さじ2）　サラダ油大さじ2

作り方
❶トマトは横半分に切って種を除き、1.5㎝角のざく切りにする。
❷小さめのフライパンにサラダ油大さじ1を中火で熱し、玉ねぎをしんなりするまでいためる。ひき肉を入れて箸でほぐしながらいため、Aで調味する。
❸①とときほぐした卵を回し入れて強火にし、大きくまぜながら半熟状に焼き、弱火にして蓋をして表面を平らにととのえ、3～4分焼く。皿を使って裏返し、さらに3～4分焼く。4等分して皿に盛る。
❹フライパンに残りのサラダ油を弱火で熱し、にんにくをいためてBを注いで火を止め、③にかける。（夏梅）

34円　献立ヒント　レシピ384＋レシピ531

レシピ **171**

大根をたっぷり入れたかさましメニュー

大根入りオムレツ

材料（4人分）
卵5個　大根200g　大根の葉2本　鶏ひき肉100g　しょうゆ小さじ1　塩、こしょう各少々　ごま油大さじ1

作り方
❶大根は皮をむき、千六本に切る。葉はさっと塩ゆでし、小口切りにする。
❷ボウルに卵を割り入れて塩、こしょうを加えてまぜる。
❸フライパンを熱し、ごま油を入れ、大根がしんなりするまで中火でゆっくりいためる。
❹大根がしんなりしたらひき肉を加え、ポロポロになるまでいためる。大根の葉を入れてさらにいため、しょうゆを加える。
❺②を流し入れて強火にし、大きくかきまぜる。半熟状になったらなべ蓋を使って裏返し、両面焼く。食べやすく切り分け、器に盛る。（瀬尾）

レシピ 173 納豆に卵がからんでマイルドな味わいに

納豆バターオムレツ

材料（4人分）
卵6個　納豆3パック（150g）
玉ねぎ1個　パセリのみじん切り適量　塩、こしょう各少々　バター20g　サラダ油大さじ2

作り方

❶玉ねぎはみじん切りにする。
❷フライパンにバターを熱し、①を弱めの中火でしんなりするまでいため、塩、こしょうを振って火を止める。
❸ボウルに納豆を入れ、②を加えまぜる。
❹別のボウルに卵を割り入れ、さっとときほぐす。
❺フライパンにサラダ油大さじ½を熱し、強めの中火にして④の¼量を流し入れ、大きくひとまぜする。手早く③の¼量をのせ、まん中で卵を折り返し、器に盛ってパセリを振る。これを4つ作る。（舘野）

レシピ 174 ふわふわに焼き上げるのが腕の見せどころ

キャベツとベーコンのオムレツ

材料（4人分）
卵5個　キャベツ200g　ベーコン4枚　塩、こしょう各少々
トマトケチャップ適量　サラダ油、オリーブ油各大さじ1

作り方

❶キャベツは1cm角に、ベーコンは5mm幅に切る。フライパンにサラダ油を熱し、キャベツとベーコンをいため、塩、こしょうをする。
❷ボウルに卵を割り入れてとき、①を入れ、熱いうちにまぜる。
❸フライパンにオリーブ油を強火で熱し、②を入れて大きくまぜ、中火で2分ほど焼き、返してさらに2分焼く。皿に盛り、ケチャップをかける。（今泉）

レシピ 175 卵焼きをくずしてまぜながらいただいて

卵とせん切りポテトのソースいため

材料（4人分）
卵3個　じゃがいも（メークイン）3個　万能ねぎ3本　塩、こしょう各適量　ウスターソース大さじ3　サラダ油大さじ2

作り方

❶じゃがいもはせん切りにし、水に2分ほどさらして水けをきる。万能ねぎは5cm長さに切る。
❷フライパンにサラダ油の半量を熱してじゃがいもをいため、軽く塩、こしょうを振り、半透明になるまでいためる。万能ねぎを加えていため合わせ、ウスターソースを加えまぜ、器に盛る。
❸卵は割りほぐし、塩、こしょう各少々を加えてまぜる。残りのサラダ油を熱したフライパンに流し入れ、大きくかきまぜてふわふわの卵焼きを作り、②にのせる。（藤野）

茶わん蒸し

レシピ 176

ビッグサイズでもなべで手軽に作れる

ジャンボ茶わん蒸し

材料（4人分）
卵4個　鶏ささ身3本　しいたけ4枚
万能ねぎの小口切り3本分　A(だし3カップ　しょうゆ小さじ1　塩小さじ½)
酒、しょうゆ(下味用)各小さじ½

作り方
❶ささ身は一口大のそぎ切りにし、酒としょうゆを振って下味をつける。しいたけは石づきを切り落として薄切りにする。
❷ボウルに卵をときほぐし、Aを加えてまぜる。
❸大きめの耐熱性の器に①を入れ、②を万能こし器でこし入れる。
❹なべに③を入れ、湯を器の高さの半分くらいまで注ぐ。蓋をして強火で1～2分、弱火にして蓋を少しずらし、13～15分蒸す。仕上げに万能ねぎを散らす。（藤井）

レシピ 178

あんの梅肉は火を止めてから加えるとキレイ

茶わん蒸しの梅あんかけ

材料（4人分）
卵2個　えのきだけ½袋　梅肉大さじ½～1　だし3カップ　A(塩、しょうゆ各小さじ⅓強)　B(しょうゆ数滴　みりん小さじ1)　かたくり粉小さじ2

作り方
❶だし2カップをAで調味し、軽くほぐした卵を加えてまぜ、万能こし器でこす。フライパンに深さ2cmほどの湯を沸かしておく。
❷大きい器に①を注ぎ入れる。
❸フライパンの火を止め、②を入れ、蓋をして強火で1分半、弱火にして15分ほど蒸す。
❹小なべにだし1カップを入れて火にかけ、煮立ったらBで調味し、2cm長さに切ったえのきだけをほぐし入れてさっと煮て、倍量の水でといたかたくり粉でとろみをつける。火を止め、梅肉を入れてまぜる。③にかけ、あれば貝割れ菜を添える。（今泉）

レシピ 177

具は入れず、きのこあんのうまみを味わって

茶わん蒸し きのこあん

材料（4人分）
卵2個　なめこ1袋　しめじ1パック　だし350mℓ　薄口しょうゆ小さじ1　塩小さじ½　A(しょうゆ大さじ1½　酒大さじ2　だし大さじ3)

作り方
❶卵はボウルに割り入れてよくほぐし、だし、薄口しょうゆ、塩を加えまぜ、こしながら器に入れる。
❷深さのあるフライパンにペーパータオルを敷き、水を深さ2cmほど入れる。フライパンに①を並べて蓋をし、沸騰するまで強火、あとはごく弱火にして12分蒸す。
❸なめこは水でさっと洗い、しめじは1cm長さに切る。
❹なべにAと③を入れて煮立て、とろみがつくまで5分ほど煮て、②にかける。（藤野）

レシピ179 かにかま&ねぎなら経済的で準備もラクラク

かに玉風甘酢あんかけ

37円　献立ヒント　レシピ312＋レシピ535

かに玉

材料（4人分）
卵6個　かに風味かまぼこ8本　ねぎの小口切り½本分　塩、こしょう各少々　A（しょうゆ、酢、砂糖各大さじ2　水1カップ　かたくり粉小さじ2）　ごま油大さじ1

作り方
❶かにかまは長さを半分に切ってほぐす。ボウルに卵をときほぐし、塩、こしょうを加えてまぜる。
❷フライパンにごま油を熱し、かにかまとねぎを入れてしんなりするまで中火でいためる。強火にし、卵液を流し入れて大きくまぜ、半熟状になったら皿などを使って裏返し、両面焼いて器に盛る。
❸Aを合わせまぜ、フライパンに流し入れる。まぜながら中火で煮立て、とろみがついたら②にかける。あれば、ざく切りにした三つ葉を散らす。（瀬尾）

67円　献立ヒント　レシピ400＋レシピ531

レシピ181 常備している鮭の水煮缶でパパッと！

鮭 玉

材料（4人分）
卵4個　鮭水煮缶（大）1缶　干ししいたけ3枚　ゆでたけのこ50g　酒小さじ2　A（だし1カップ　しょうゆ大さじ1強　砂糖小さじ1）　かたくり粉大さじ2　サラダ油適量

作り方
❶干ししいたけはもどして薄切りに、たけのこはせん切りにして、サラダ油少々でいためる。
❷卵はときほぐし、酒、ほぐした鮭、①をまぜる。
❸中華なべにサラダ油大さじ1½を熱し、②を流し入れて、周囲からかき寄せるようにして丸く焼き、裏返して1分ほど焼いたら、器にとる。
❹Aを煮立て、かたくり粉を倍量の水でといた水どきかたくり粉でとろみをつけ、③にかけて、あれば貝割れ菜を飾る。

92円　献立ヒント　レシピ406＋レシピ527

レシピ180 えびチリを卵にまぜないで、いり卵にのせて

えび玉チリソース

材料（4人分）
卵6個　えび12尾　A(塩、こしょう各少々　酒、小麦粉各小さじ2　サラダ油小さじ1)　塩、こしょう各少々　B(ねぎの小口切り½本分　豆板醤、かたくり粉各小さじ1　トマトケチャップ大さじ3　酢大さじ1　砂糖小さじ2　水¾カップ)　サラダ油大さじ3

作り方
❶えびは背わたを除いて殻をむき、Aをまぶして下味をつける。卵はときほぐし、塩、こしょうを加えてまぜる。Bはまぜ合わせておく。
❷フライパンにサラダ油大さじ2を熱し、卵液を流し入れる。大きくかきまぜながら、半熟状のあらめのいり卵にして、器に盛る。
❸②のフライパンにサラダ油大さじ1を足し、えびを入れて強火で色が変わるまでいためる。Bをもう一度まぜて加え、とろみがつくまで中火でいため合わせて②にのせる。（瀬尾）

レシピ **182**

冷ましながら味を含ませるのがポイント

ゆで卵とかぼちゃの甘辛煮

材料（4人分）

ゆで卵4個　かぼちゃ¼個　A（だし2カップ　しょうゆ大さじ2　砂糖大さじ1）

作り方

1. かぼちゃは種とわたをとり、大きめの一口大に切る。
2. ゆで卵は殻をむく。
3. なべにAを合わせて強火にかけ、かぼちゃを入れて落とし蓋をする。煮立ったら弱火にし、かぼちゃがやわらかくなるまで7〜8分煮る。
4. ②を加えて4〜5分煮、火を止めてそのまま冷まし、味を含ませる。（検見﨑）

レシピ **184**

味つき卵もめんつゆを使えば超簡単

めんつゆ煮卵

材料（4人分）

卵4個　酢少々　A（めんつゆ1カップ　水1½カップ）

作り方

1. 小なべに卵、かぶるくらいの水、酢を加えて強火にかける。沸騰後弱火で4分ほど煮る。流水で冷まし、殻をむく。
2. 小なべにAを沸かし、①を加え、弱火で3分ほど煮る。火を止め、そのままあら熱をとる。半分に切り、好みで白髪ねぎをのせる。（小林）

レシピ **183**

ゴロゴロの卵がまろやかソースに包まれて

ゆで卵と白菜のクリームグラタン

材料（4人分）

ゆで卵4個　白菜⅛個　牛乳2カップ　塩小さじ1　A（ピザ用チーズ40g　マヨネーズ大さじ1　バター<ちぎる>小さじ1）　小麦粉大さじ2　バター大さじ3

作り方

1. 白菜は1枚ずつはがして熱湯でさっとゆで、ざるに上げて冷まし、3cm長さに切る。
2. ゆで卵は殻をむき、5mm厚さの輪切りにする。
3. なべにバターを弱火でとかし、小麦粉を入れながらいためる。まぜながら牛乳を加え、ゆっくりとあたため、とろみがついたら塩を加えて火を止める。
4. グラタン皿にバター（分量外）を薄く塗り、③のソース、白菜、ゆで卵の順に2回重ね、上にAをのせて、220度のオーブンで20〜25分焼く。（藤野）

レシピ185 細切りピーマンの中に卵をポトン!

細切りピーマンの巣ごもり卵

材料（4人分）
卵４個　ピーマン１袋（4～5個）　塩、こしょう各少々　削り節、しょうゆ各適量　サラダ油大さじ2

作り方

❶ピーマンはへたと種を除いて、縦に5mm幅に切る。
❷フライパンにサラダ油を熱してピーマンをいため、油が回ったら塩、こしょうを振る。
❸ピーマンをいったん平らにして卵の入る場所を４カ所あけ、それぞれに卵を割り落とす。水少々を加えて蓋をし、卵の黄身がとろりと半熟状になるまで蒸し焼きにする。
❹器に盛り、削り節をのせ、しょうゆをかける。（藤野）

レシピ186 目玉焼きにひと手間で、豪華なメインに変身

あんかけ目玉焼き

材料（4人分）
卵8個　もやし１袋　しいたけ３枚　ハム４枚　A（トマトケチャップ、かたくり粉、しょうゆ各大さじ1　酢大さじ2　砂糖大さじ1½　塩小さじ⅓）　サラダ油大さじ2　ごま油大さじ½

作り方

❶しいたけは石づきをとって、軸は手で裂き、かさは包丁で薄切りにする。ハムは半分に切ってから、7～8mm幅に切る。
❷フライパンにサラダ油大さじ1を熱して、卵を１個ずつ割り入れ、固まってきたら半分に折って、好みの固さになるまで焼いて皿にとり出す。何度かに分けて8個焼く。途中、油が少なくなったら残りのサラダ油を足す。
❸②のフライパンをペーパータオルでさっとふき、ごま油を入れて①をさっといため、しんなりしてきたらもやしを入れて強火にして、さらに１～2分いためる。
❹まぜ合わせたAを③に注ぎ、とろみがつくまでまぜながら煮て、②にかける。（重信）

レシピ187 半熟の黄身をソースのようにからめて食べて

アスパラの目玉焼きのせ

材料（4人分）
卵２個　グリーンアスパラガス12本　くし形切りのレモン２個　塩、あらびき黒こしょう各少々、粉チーズ、オリーブ油各大さじ1

作り方

❶アスパラガスは根元のかたい部分を切り落とし、縦半分に切ってから長さを半分に切る。
❷フライパンにオリーブ油小さじ1を熱し、①を入れて軽くいため、片側に寄せる。フライパンのあいた部分に残りのオリーブ油を熱し、卵を割り入れ、半熟状の目玉焼きを作る。
❸器にアスパラガスを盛って目玉焼きをのせ、塩、こしょう、粉チーズ、オリーブ油少々（分量外）をかけて、レモンを添える。食べるときにレモン汁をかけ、卵をくずしてアスパラガスにからめる。（瀬尾）

レシピ **188**

たらこソースの塩けが甘みのある卵にマッチ

たらこのっけじゃがいり卵

材料（4人分）
卵6個　じゃがいも（小）2個　A（たらこ1腹　おろしにんにく小さじ¼　ごま油小さじ2　ねぎのみじん切り7cm分　しょうゆ小さじ½〜1）　B（牛乳大さじ2　塩小さじ¼　こしょう少々）　サラダ油大さじ1

作り方

❶Aのたらこは薄皮を除いてほぐし、ほかのAの材料とまぜ合わせて、たらこソースを作る。

❷じゃがいもは皮をむいて細切りにし、さっとすすいでざるに上げて水けをきる。卵をときほぐして、Bを加えまぜる。

❸フライパンにサラダ油を入れて中火で熱し、じゃがいもをいためる。あらかた火が通ったら、卵液を加えて大きくまぜてやわらかいいり卵を作る。

❹皿に盛り、①をかけて、あれば刻んだせりを散らす。（枝元）

53円　献立ヒント　レシピ402＋レシピ529

18円　献立ヒント　レシピ37＋レシピ460

レシピ **190**

キャベツを角切りにして歯ごたえを楽しむ

いり卵入りコールスローサラダ

材料（4人分）
卵2個　キャベツ½個　玉ねぎ¼個　パセリ1本　塩適量　こしょう少々　マヨネーズ大さじ3　サラダ油大さじ1

作り方

❶キャベツは軸を切り離して葉を1.5cm角に切り、軸は薄切りにする。玉ねぎとパセリはみじん切りにする。ボウルに入れて、野菜の重さの1%の塩でもみ、15分ほどおく。

❷卵はときほぐし、塩少々、こしょうを加えまぜる。サラダ油を熱したフライパンに流し入れ、菜箸3〜4本でかきまぜながらいり卵を作り、あら熱をとる。

❸①の水けをきってボウルに入れ、②を加え、マヨネーズであえる。（藤野）

42円　献立ヒント　レシピ433＋レシピ21

レシピ **189**

キムチのピリ辛味でパンチをきかせた

にらとキムチの卵いため

材料（4人分）
卵4個　にら2束　白菜キムチ100g　塩、こしょう各少々　しょうゆ小さじ1½　ごま油適量

作り方

❶にらは4cm長さ、キムチは3cm幅にそれぞれざく切りにする。卵はときほぐし、塩、こしょうを加えてまぜる。

❷フライパンにごま油大さじ1を熱し、卵液を流し入れて大きくかきまぜる。半熟状になったらいったんとり出す。

❸②のフライパンにごま油少々を足し、にらを加えてしんなりするまでいためる。キムチを加えて②を戻し入れ、ざっといため合わせて、しょうゆで調味する。（瀬尾）

卵とじ

レシピ 191

食べてビックリ！　えび天の味に変身

桜えびと天かすの卵とじ

材料（4人分）
卵5個　桜えび40g　ねぎ（青い部分も含め）⅓本　天かす½カップ　A（だし1カップ　酒、しょうゆ、みりん各大さじ1）

作り方

1 ねぎは5㎜厚さの小口切りにする。卵はときほぐしておく。
2 なべにAを入れて強火にかけ、煮立ったら、ねぎ、天かすを加える。
3 再び煮立ったら中火にし、卵を流し入れて菜箸でなべの周囲から大きくまぜる。卵が半熟状になったら桜えびを加えてざっとまぜる。（井澤）

レシピ 193

卵と麩のダブルでふわふわの食感

麩の卵とじ

材料（4人分）
卵4個　麩20g　しいたけ4枚　にんじん½本　絹さや50g　A（だし1カップ　砂糖、しょうゆ、酒各大さじ1　塩小さじ½）

作り方

1 麩はたっぷりの水につけてもどし、水けをしっかりとしぼる。しいたけは軸を落として薄切り、にんじんは3㎝長さの短冊切り、絹さやは筋をとって1㎝幅の斜め切りにする。
2 フライパンにAを煮立てて①を入れ、3〜4分煮る。
3 卵をときほぐして②に回し入れ、煮立ったら火を止める。蓋をして蒸らし、余熱で1〜2分火を通す。（藤井）

レシピ 192

キャベツの甘みが生きたやさしい味わい

キャベツのさっと煮の卵とじ

材料（4人分）
卵2個　キャベツ½個　グリンピース大さじ2　A（だし1½カップ　みりん大さじ3　薄口しょうゆ大さじ2）

作り方

1 キャベツは軸を切り離して葉を3〜4㎝角に切り、軸は薄切りにする。
2 なべにAを煮立て、①を入れて煮る。キャベツに火が通ってしんなりしたら、グリンピースを加えて煮立てる。
3 強火にしてときほぐした卵を流し入れる。なべを揺すってさっと火を通し、汁ごと器に盛る。（藤野）

和洋中など多様な味つけにチャレンジ

大豆のおかず

大豆を原料に作ったとうふと油揚げは、低カロリーで価格も安定。肉の代用としても使えるので、冷蔵庫に常備しておきたい食材です。

とうふのさっと煮

レシピ194

とうふのツルンとした食感がやさしい一品

とうふのコーンクリーム煮

材料（4人分）
絹ごしどうふ2丁　クリームコーン缶1缶（435g）　ハム2枚　ねぎ1本　A（鶏がらスープのもと小さじ1　牛乳1カップ　酒大さじ1　砂糖、塩各一つまみ　こしょう少々）　ごま油大さじ1

作り方
❶ハムはみじん切りにし、ねぎは1cm幅の斜め切りにする。
❷フライパンにごま油を熱し、①のねぎを入れてさっといためる。コーンを加えてひとまぜし、Aを加えて一煮する。
❸とうふをスプーンで大きくすくって加え、一煮立ちしたら①のハムを加え、火を止める。（舘野）

レシピ196　とうふは煮ながら箸で切ると味がよくしみる

とうふとキャベツの中華風くず煮

材料（4人分）
木綿どうふ1丁　キャベツ¼個　にんじん1cm　にんにくのみじん切り1かけ分　A（チキンスープのもと1個　湯2カップ　酒大さじ1　砂糖、オイスターソース各小さじ½　塩少々）　かたくり粉大さじ1　サラダ油大さじ1

作り方
❶キャベツは2～3cm角のざく切り、にんじんはせん切りにする。
❷フライパンにサラダ油を熱し、中火でにんにくとキャベツをいため、しんなりしたら、Aを加える。
❸固形スープがとけたらとうふを加え、菜箸で一口大に切る。煮立ったら弱火にして3～4分煮る。
❹にんじんを加え、倍量の水でといたかたくり粉を加える。（検見﨑）

レシピ195　肉とごぼうのうまみがとうふにじわっと

とうふの柳川風

材料（4人分）
木綿どうふ2丁　ごぼう1本　玉ねぎ1個　豚こまぎれ肉100g　卵2個　A（だし1½カップ　みりん大さじ2　しょうゆ大さじ1　塩小さじ¼）　サラダ油大さじ1強

作り方
❶ごぼうは縦半分に切ってから3mm厚さの斜め薄切りにする。たっぷりの水に1～2分さらして水けをきる。玉ねぎは5～6mm幅のくし形切りにする。
❷フライパンにサラダ油を強めの中火で熱し、①を入れてさっといためる。豚肉をほぐしながら加え、さらにいため合わせる。
❸Aを加えて蓋をして4～5分煮、とうふを手であらくくずしながら加えてさらに2～3分煮る。
❹卵をざっとときほぐし、③に回し入れ、好みのかげんに火を通す。
❺器に盛り、あれば小口切りにした三つ葉を散らす。（舘野）

レシピ 197

麻婆どうふにトマトを加えたさっぱり風味

トマト麻婆どうふ

材料（4人分）
木綿どうふ300g　トマト（大）2個　豚ひき肉200g　万能ねぎの小口切り2本分　A（ねぎのみじん切り大さじ3　にんにく、しょうがのみじん切り各小さじ2　豆板醤小さじ1）　B（水½カップ　鶏がらスープのもと、砂糖各小さじ1　しょうゆ大さじ1½　赤みそ大さじ1　かたくり粉小さじ2½）　サラダ油大さじ2　ごま油大さじ1

作り方
❶とうふはペーパータオルに包んで重しをのせ、15分水きりし、横半分に切ってから12等分に切る。トマトは2cm角に切る。Bはまぜておく。
❷フライパンにサラダ油を入れて中火にかけ、Aを加え香りが出るまでいためる。香りが出たらひき肉を加え、ポロポロになるまでいためる。
❸まぜ直したB、①を加える。トマトの周りがくずれてきたら、ごま油を回し入れる。器に盛り、万能ねぎを散らす。（小林）

レシピ 199

ごまだれを使えば味決め一発で！

ごま風味の麻婆どうふ

材料（4人分）
木綿どうふ1丁　豚ひき肉150g　れんこん100g　赤とうがらし1本　冷凍グリンピース大さじ2　ねぎのみじん切り½本分　にんにくのみじん切り小さじ1　ごまだれ大さじ4～5　A（かたくり粉大さじ1　水大さじ2）　ごま油大さじ1

作り方
❶熱したフライパンにごま油、種をとったとうがらし、にんにくを入れて香りを出し、ひき肉を加えていためる。
❷①に水¾カップとさいの目に切ったれんこん、とうふ、ごまだれを加えて10分煮、ねぎとグリンピースを加えてAの水どきかたくり粉でとろみをつける。好みでラー油をかける。（ほりえ）

レシピ 198

にらを加えて新定番パワフルおかずに

にら麻婆どうふ

材料（4人分）
絹ごしどうふ1丁　豚ひき肉200g　にら1束　にんにく1かけ　しょうがの薄切り2～3枚　ねぎ¼本　A（しょうゆ大さじ1½　鶏がらスープのもと小さじ1）　B（かたくり粉大さじ1　水大さじ1½）　豆板醤大さじ½　サラダ油大さじ1

作り方
❶にんにく、しょうがはみじん切りに、にらは2cm長さに切り、ねぎはあらみじんに切る。
❷とうふは小さめのやっこに切り、下ゆでしてざるに上げる。
❸フライパンにサラダ油を熱してにんにく、しょうがをいため、香りが立ったら豆板醤を加えてひとまぜし、ひき肉を加えてほぐしながらいためる。
❹A、水1カップを加え、煮立ったらBの水どきかたくり粉でとろみをつける。
❺①、ねぎ、にらを加えてまぜ、再び煮立ったら火を止めて器に盛り、好みで粉ざんしょうを振る。（夏梅）

レシピ 200

とうふの水きりいらずのラクチンメニュー

焼きどうふハンバーグ

材料（4人分）
合いびき肉300g　玉ねぎ1個　焼きどうふ200g　ミニトマト16個　大根おろし10cm分　A（パン粉1カップ　卵1個　塩小さじ1　こしょう少々　あればナツメグ少々）酒大さじ2　ポン酢じょうゆ適量　サラダ油大さじ3

作り方
1. 玉ねぎはみじん切りにし、耐熱ボウルにサラダ油大さじ2とともに入れ、ラップをして電子レンジで3分加熱し、あら熱をとる。
2. ボウルにひき肉、①、とうふ、Aを合わせて粘りが出るまでねり、4等分にし、丸く平らに形をととのえる。
3. フライパンにサラダ油大さじ1を熱し、②を並べて中火できつね色になるまで焼き、ひっくり返す。酒を振り、蓋をして7分ほどごく弱火で焼く。横でへたをとったミニトマトもいっしょに焼く。
4. ハンバーグとミニトマトを皿に盛り合わせ、大根おろしを添えてポン酢じょうゆをかける。（小林）

レシピ 202

あっさりしたとうふにみそ味をきかせて

とうふみそハンバーグ

材料（4人分）
木綿どうふ1丁　A（鶏ひき肉200g　みそ小さじ1　卵1個　こしょう少々）ピーマン4個　大根おろし適量　サラダ油大さじ1

作り方
1. とうふはペーパータオルではさみ、重しをして水けをきる。ボウルに移してAを加え、一定方向に粘りが出るまでよくねって8等分し、小判形に形をととのえる。
2. フライパンにサラダ油をひき、①を入れて両面を焼く。半分に切って種を除いたピーマンと水80mℓを加え、蓋をして約10分中火で蒸し焼きにする。
3. 器に②を盛り、大根おろしを添え、好みでしょうゆをかける。（井澤）

レシピ 201

丸める手間なし。レンジ加熱なので簡単調理。

とうふコーンハンバーグ

材料（4人分）
木綿どうふ1丁　合いびき肉150g　ホールコーン1/2カップ　パセリ2技　A（パン粉大さじ3　塩、こしょう、ナツメグ各少々）　B（トマトケチャップ大さじ4　とんかつソース大さじ2）

作り方
1. 耐熱ボウルにとうふを入れてほぐし、ひき肉、コーンを入れ、キッチンばさみでパセリを細かく切って加える。Aを加えてよくねりまぜ、表面を平らにならす。
2. ラップをかけ、電子レンジで約9分加熱する。
3. フォークなどで4等分して器に盛り、まぜ合わせたBをかけ、好みでクレソンとミニトマトを添える。（吉田）

レシピ **203** ふわっとした食感はとうふならでは

とうふステーキ きのこあんかけ

45円　献立ヒント　レシピ30＋524

材料（4人分）
木綿どうふ2丁　しめじ1パック　しいたけ3枚　万能ねぎの小口切り適量　塩、こしょう各少々　A（だし1カップ　みりん、しょうゆ各大さじ½　砂糖小さじ1　塩少々）　小麦粉適量　かたくり粉大さじ1　サラダ油大さじ½

作り方

❶とうふはペーパータオルではさんで水けをきる。
❷しめじは石づきをとり、ほぐす。しいたけは石づきを切り、薄切りにする。
❸①に塩、こしょうをし、小麦粉をはたきつける。フライパンにサラダ油を中火で熱し、こんがりと焼き色をつけたら器にとる。
❹フライパンにA、②を合わせ、きのこがしんなりするまで煮る。かたくり粉を倍量の水でといて加え、とろみをつけ、③にかけて万能ねぎを散らす。（検見﨑）

66円　献立ヒント　レシピ431＋517

レシピ **205** バター風味のトマトソースで洋風に

とうふステーキトマトソースがけ

材料（4人分）
木綿どうふ2丁　合いびき肉100g　トマト2個　万能ねぎ5本　めんつゆ大さじ3　小麦粉適量　サラダ油、バター各大さじ1

作り方

❶とうふは水きりし、厚みを半分に切り、さらに横半分に切る。
❷トマトは種をとって1cm角に、万能ねぎは小口切りにする。
❸フライパンにサラダ油を入れて中火で熱し、小麦粉をまぶした①を入れて焼く。全面にこんがりと焼き色がついたら皿にとり出す。
❹フライパンにバターを入れて熱し、ひき肉をいためる。ポロポロになったら②のトマトを加え、中火で10分ほど煮詰め、めんつゆを加える。③にかけ、万能ねぎを散らす。（藤野）

40円　献立ヒント　レシピ394＋531

レシピ **204** 焼いたとうふをめんつゆだれに煮からめた

とうふの照り焼きステーキ

材料（4人分）
木綿どうふ2丁　ししとうがらし12本　かぼちゃ150g　A（めんつゆ、水各大さじ4　おろししょうが大さじ2）　小麦粉適量　サラダ油大さじ1強

作り方

❶とうふは水きりし、厚さを半分に切る。ししとうはへたを落とし、縦に切り込みを入れる。かぼちゃは1cm弱厚さのくし形切りにする。
❷Aはまぜておく。
❸フライパンにサラダ油大さじ1を熱し、かぼちゃとししとうを焼き、いったんとり出す。
❹サラダ油少々を足し、小麦粉をまぶしたとうふを並べ、中火で両面をこんがり焼く。火を止め、かぼちゃとししとうを戻し、Aを加えて中火にかけ、たれにからめる。（小林）

冷ややっこ 和風バリエ

96〜99 ページの材料はすべて2人分でとうふは1丁、ただし写真は1人分です。とうふは水きりし、半分に切ったものを使ってください。(すべて瀬尾)

レシピ 206

オクラの粘りにしょうゆがよくからむ

オクラモロヘイヤ

材料と作り方

❶オクラ2本はへたをとり、薄い小口切りにする。❷モロヘイヤ40gは葉だけをつみ、塩少々を加えた熱湯でゆで、ざるにとって冷水をさっとかけ、水けをきってあらく刻む。❸とうふに①、②と削り節2gをまぜたものをのせ、しょうゆ適量をかける。

40円　献立ヒント レシピ122＋レシピ531

レシピ 207

ゆずこしょうの風味と香りがアクセント

ささ身ゆずこしょう

材料と作り方

❶鶏ささ身2本は筋をとり、さっと熱湯にくぐらせ、そぎ切りにする。❷①とゆずこしょう小さじ2/3をまぜ、とうふにのせる。

53円　献立ヒント レシピ107＋レシピ417

レシピ 208

カリカリ&シャキシャキの食感が楽しめる

じゃこ水菜

材料と作り方

❶フライパンにサラダ油大さじ1を熱し、ちりめんじゃこ大さじ1を入れ、中火できつね色になるまでいためる。❷ペーパータオルにとり、余分な油をきる。❸とうふに水菜のざく切り20gと②をのせ、しょうゆ適量をかける。

38円　献立ヒント レシピ348＋レシピ532

レシピ 209

もみのりの風味が加わりさらにおいしく

のり納豆

材料と作り方

❶ひき割り納豆40g、しょうゆ小さじ2、ねりがらし少々をまぜる。❷とうふにもみのり適量と①をのせる。

31円　献立ヒント レシピ334＋レシピ534

レシピ 210

これなら最速！　手間なしシンプルやっこ

わさびじょうゆ

材料と作り方

❶とうふにわさび適量をのせ、しょうゆ適量をかける。

20円　献立ヒント レシピ426＋レシピ487

レシピ 211

さっぱり系の白身魚ならなんでも使える

たい刺しごまじょうゆ

材料と作り方

❶たいの刺し身の薄切り50g、すり白ごま、しょうゆ各大さじ1をまぜ、とうふにのせ、すり白ごま適量を振る。

96円　献立ヒント レシピ172＋レシピ463

レシピ 212

とろ〜りとろける卵がまろやかソースに

温玉三つ葉

材料と作り方

❶とうふに三つ葉のざく切り少々、温泉卵2個、わさび少々をのせ、しょうゆ適量をかける。

34円　献立ヒント レシピ20＋レシピ516

レシピ 213
濃いめの味が淡泊なとうふとよく合います
高菜めんたい

材料と作り方
❶からし明太子大さじ2は薄皮をとり、高菜漬けのみじん切り大さじ2とまぜ、とうふにのせる。

41円　献立ヒント　レシピ349＋レシピ392

レシピ 214
みそをあぶると香ばしさがさらに増す
しそ焼きみそ

材料と作り方
❶みそ小さじ4を木製のしゃもじに塗りつけ、直火であぶり、焼き色をつける。❷とうふに青じそのあらみじん切り2枚分、①をのせ、七味とうがらし少々を振る。

24円　献立ヒント　レシピ99＋レシピ532

レシピ 215
塩辛のうまみとレモンの酸味でお酒が進む
いかの塩辛レモン

材料と作り方
❶とうふにレモンの薄い半月切り4枚、いかの塩辛大さじ2をのせる。

65円　献立ヒント　レシピ308＋レシピ406

レシピ 216
揚げ玉は食べる直前にのせるのがコツ
ねぎ揚げ玉のり

材料と作り方
❶とうふにもみのり適量、ねぎのみじん切り大さじ3、しょうがのみじん切り小さじ½、揚げ玉小さじ4をかけ、しょうゆまたはめんつゆ（2倍濃縮タイプ）適量をかける。

28円　献立ヒント　レシピ140＋レシピ394

レシピ 217
甘辛味の肉そぼろで食べごたえたっぷり
肉みそ

材料と作り方
❶フライパンを中火にかけ、ごま油小さじ2を入れ、鶏ひき肉100gをいためる。❷火が通ったらみそ大さじ1½、砂糖小さじ2を加えまぜる。❸とうふにのせ、七味とうがらし適量を振る。

53円　献立ヒント　レシピ341＋レシピ410

レシピ 218
たっぷり作って保存しておいても便利
しょうがじょうゆ

材料と作り方
❶新しょうが40gをみじん切りにし、ボウルに入れ、しょうゆ大さじ2をかける。❷しょうががしょうゆ色に染まったら、とうふにかける。

49円　献立ヒント　レシピ318＋レシピ520

レシピ 219
コリコリした漬け物との意外な組み合わせ
奈良漬け

材料と作り方
❶奈良漬け20gをせん切りにし、とうふにのせる。

25円　献立ヒント　レシピ161＋レシピ535

冷ややっこ
洋風バリエ

レシピ **220**
オリーブ油と粉チーズでイタリア風に
イタリアントマト

材料と作り方
❶とうふにトマトのあらみじん切り大さじ4をのせ、粉チーズ小さじ2、パセリのみじん切り、塩、こしょう各少々、オリーブ油大さじ2をかける。

29円　献立ヒント レシピ124＋レシピ515

レシピ **221**
魚のオイル漬けととうふも相性抜群
オイルサーディンきゅうり

材料と作り方
❶とうふにオイルサーディン6尾、玉ねぎのみじん切り小さじ4、きゅうりのみじん切り4cm分をのせ、オリーブ油大さじ2、塩、こしょう各適量をかける。

73円　献立ヒント レシピ120＋レシピ452

レシピ **222**
おなじみのツナとマヨネーズの組み合わせで
ツナマヨレモン

材料と作り方
❶玉ねぎのみじん切り、マヨネーズ各大さじ2をまぜ5分おく。❷ツナ缶（小）1缶の油をよくきる。❸①、②、レモンのいちょう切り適量、こしょう少々をまぜ、とうふにのせる。

53円　献立ヒント レシピ11＋レシピ467

レシピ **223**
ざく切りほうれんそうでかさをたっぷり
ほうれんそうベーコン

材料と作り方
❶ベーコン1枚は弱火でカリカリになるまで焼き、はさみで細く切る。❷サラダほうれんそう60gは根元を切り落とし、ざく切りにする。❸①、②、オリーブ油大さじ1、酢小さじ2、塩、こしょう各適量をまぜ、とうふにのせる。

39円　献立ヒント レシピ115＋レシピ468

レシピ **224**
アボカドのマヨあえでクリーミーな味わい
アボカドトマトマヨ

材料と作り方
❶アボカド1個の種と皮をとり、1cm角に切る。❷①、トマトのあらみじん切り1/2個分、おろしにんにく小さじ1/2、マヨネーズ小さじ4、塩、こしょう各適量をまぜ、とうふにのせる。

74円　献立ヒント レシピ140＋レシピ463

レシピ **225**
かわりに薄切りにした刺し身のサーモンでも
玉ねぎサーモン

材料と作り方
❶玉ねぎの薄切り20gに塩少々を振り、しんなりするまでおく。❷スモークサーモン40gを細切りにする。❸とうふに②、①をのせ、オリーブ油小さじ4、塩小さじ1/2、こしょう少々を振る。

87円　献立ヒント レシピ333＋レシピ516

レシピ **226**
マヨとオリーブ油でトロリとしたソースに
たらこパセリマヨ

材料と作り方
❶たらこ大さじ2は薄皮をとる。❷①、マヨネーズ小さじ3、オリーブ油小さじ1、パセリのみじん切り少々、塩、こしょう各適量をまぜ、とうふにのせる。

45円　献立ヒント レシピ105＋レシピ460

冷ややっこ エスニックバリエ

レシピ227
しょうがとごま油の風味をたっぷりきかせて

ゆで卵ねぎ

材料と作り方
①半熟のゆで卵1個をあらく刻む。②とうふにねぎのみじん切り大さじ4、しょうがのみじん切り小さじ1、①をのせ、ごま油小さじ2、塩小さじ½、こしょう、しょうゆ各少々をかける。

31円　献立ヒント　レシピ123＋レシピ535

レシピ228
ザーサイのほどよい塩けがあとを引くうまさ

ザーサイ桜えび

材料と作り方
①ザーサイ大さじ2は塩抜きせず、みじん切りにする。②とうふに①、桜えび2gをのせ、ごま油小さじ2をかける。

37円　献立ヒント　レシピ84＋レシピ524

レシピ229
アクセントの豆板醤は好みでかげんを

ピリ辛ねぎチャーシュー

材料と作り方
①チャーシューの短冊切り40g、ねぎのせん切り10cm分、しょうゆ小さじ2、豆板醤小さじ½をまぜ、とうふにのせる。

44円　献立ヒント　レシピ440＋レシピ398

レシピ230
キムチのうまみと辛みがとうふによく合う

キムチねぎ

材料と作り方
①白菜キムチ40gを細切りにし、しょうゆ小さじ2とまぜる。②①をとうふにのせ、万能ねぎの小口切り少々を散らす。

31円　献立ヒント　レシピ83＋レシピ403

レシピ231
コチュジャンの香りがアクセント

いか刺しコチュジャン

材料と作り方
①いかの刺し身の細切り50g、コチュジャン小さじ2、しょうゆ、ごま油各小さじ1をまぜ、とうふにのせる。

71円　献立ヒント　レシピ43＋レシピ528

レシピ232
ほたての甘みとマヨの酸味が好相性

ほたてマヨ

材料と作り方
①ほたて貝柱の水煮缶（小）1缶の水けをきり、ほぐす。②①にごま油、マヨネーズ各小さじ2、しょうゆ小さじ1、万能ねぎの小口切り少々をまぜ、とうふにのせる。

107円　献立ヒント　レシピ126＋レシピ519

レシピ233
ナッツがアクセントのベトナム風やっこ

甘酢ピーナッツ

材料と作り方
①赤とうがらし1本の種をとり、キッチンばさみで輪切りにする。②①、ピーナッツのみじん切り大さじ3、砂糖、酢各大さじ1をまぜ、とうふにかける。

21円　献立ヒント　レシピ189＋レシピ458

レシピ234

オリーブ油で香りよくいためるのがポイント

油揚げとれんこんのいため物

材料（4人分）
油揚げ1枚　れんこん150g　にんじん50g　絹さや30g　いり白ごま大さじ1　塩適量　酒大さじ1　こしょう少々　オリーブ油大さじ1

作り方

❶れんこんは皮をむき、縦半分にして薄切りにし、水に4～5分さらして水けをきる。にんじんは4㎝長さの短冊切りにする。絹さやは筋をとる。油揚げは横半分に切って縦に長めの細切りにする。

❷フライパンに油揚げを入れ、カリッとするまでいため、塩少々を振ってとり出す。

❸フライパンにオリーブ油を熱し、れんこん、にんじんをいためる。絹さやを加えてさらにいため、油揚げを戻して酒を振り、塩少々、こしょうで調味する。器に盛って、ごまを振る。（河村）

レシピ235

油揚げでかさましをして満足感アップ

油揚げと豚こまのみそいため

材料（4人分）
油揚げ2枚　豚こまぎれ肉150g　ピーマン4個　玉ねぎ½個　しょうが、にんにく各1かけ　A（しょうゆ、酒各小さじ1）　B（赤みそ、酒各大さじ2　しょうゆ大さじ½　砂糖小さじ2　豆板醤小さじ1）　サラダ油大さじ2

作り方

❶油揚げはさっと熱湯に通し、水けをきって一口大に切る。豚肉は一口大に切り、Aをまぶす。ピーマンは一口大に、玉ねぎは1㎝厚さのくし形切りに、しょうがは薄切り、にんにくはたたいてつぶす。

❷フライパンにサラダ油を熱し、しょうが、にんにくを加えていため、香りが立ったら豚肉を加える。

❸肉の色が変わったら玉ねぎ、ピーマン、油揚げの順にいため合わせ、まぜ合わせたBを回し入れ、手早くいためる。（藤井）

レシピ **237** 油揚げはさっと煮るだけでもうまみが出る

油揚げとチンゲンサイのさっと煮

材料（4人分）
油揚げ2枚　チンゲンサイ3～4株　だし2½カップ　酒、薄口しょうゆ各大さじ2　塩少々

作り方
❶チンゲンサイは葉と軸を切り分け、軸は縦に4等分に切る。大きいものは長さを3等分に切る。油揚げは熱湯をかけて油抜きし、水けをしぼって縦半分に切り、横に7㎜幅に切る。
❷なべにだしを入れて火にかけ、煮立ったら酒、薄口しょうゆ、塩を加え、油揚げを入れて2～3分煮る。
❸チンゲンサイの軸を加えてひと煮し、葉を加えてしんなりしたら火を止める。（河村）

レシピ **236** 油抜きなし、油揚げをそのままピザ生地に

油揚げピザ

材料（4人分）
油揚げ4枚　ねぎの小口切り½本分　ピザ用チーズ120g　しょうゆ少々

作り方
❶油揚げの片面にしょうゆを塗り、ねぎ、チーズを等分にのせる。
❷オーブントースターに入れ、チーズに焼き色がつくまで焼く。
❸食べやすく切り、器に盛る。（瀬尾）

レシピ **239** 薄くむいた大根と油揚げならすぐ火が通る

油揚げとひらひら大根のさっと煮びたし

材料（4人分）
油揚げ1枚　大根⅓本　だし2カップ　A（しょうゆ小さじ2　塩小さじ½）　ごま油小さじ1

作り方
❶油揚げは1㎝幅に切る。大根はピーラーでリボン状にむく。
❷なべにだしを入れ、油揚げを加えて2～3分煮る。
❸Aと大根を加え、しんなりするまで煮る。仕上げにごま油を回し入れる。（藤井）

レシピ **238** 油揚げは切って油抜きすれば味がよくなじむ

油揚げとキャベツのさっと煮

材料（4人分）
油揚げ2枚　鶏もも肉100g　キャベツ¼個　だし3カップ　しょうゆ、みりん、酒各大さじ3　サラダ油小さじ1

作り方
❶油揚げは横半分に切り、端から1㎝幅に切ってざるにのせ、熱湯をかける。
❷鶏肉は一口大に切って塩少々（分量外）を振り、キャベツは芯を除いてざく切りにする。
❸なべにサラダ油を熱し、鶏肉をいため、色が変わったらだしを加え、キャベツ、油揚げ、調味料を加えて煮立てる。
❹ときどきまぜながら10分煮る。（森）

レシピ **240**

何が入っているかは食べてからのお楽しみ

3つの袋煮

材料（4人分）
油揚げ（いなり用）18枚　A（にんじん¼本　しらたき<小>1袋　砂糖小さじ½　みりん小さじ2　しょうゆ大さじ½）　B（鶏ひき肉200g　玉ねぎ¼個　塩、こしょう各少々　しょうゆ、酒、ごま油各小さじ1）　C（もち3個）　水菜1束　D（だし6カップ　酒大さじ2　みりん大さじ4　塩小さじ⅔　しょうゆ大さじ3）

作り方
❶油揚げは熱湯をかけて油抜きする。水菜はざく切りにする。
❷Aの福袋：にんじんはせん切りにしてさっとゆで、同じ湯でしらたきをゆでこぼし、食べやすく切る。これに砂糖、みりん、しょうゆをまぜて6等分し、①の油揚げ6枚に詰めてようじでとめる。
❸Bの福袋：玉ねぎはみじん切りにし、その他の材料を加えてまぜ、6等分して、①の油揚げ6枚に詰めてようじでとめる。
❹Cの福袋：もちは半分に切り、①の油揚げ6枚に詰めてようじでとめる。
❺なべにDを合わせ、②～④を並べ入れて10～15分煮含める。仕上げに水菜を入れ、一煮する。（吉田）

111円　献立ヒント　レシピ488＋レシピ535

袋煮　バリエ

レシピ **241**

1袋に卵が丸ごと1個で食べごたえあり

卵とにんじんの袋煮

材料（4人分）
油揚げ2枚　卵4個　にんじん½本　さやいんげん200g　A（だし2カップ　しょうゆ、砂糖各大さじ2　酒大さじ1）

作り方
❶油揚げは熱湯にさっとくぐらせて油抜きをし、半分に切って開き、袋状にする。
❷にんじんは皮をむいてすりおろし、軽く水けをきる。いんげんはへたを除いて長さを半分に切る。
❸①の1切れに②のにんじんの¼量、卵1個を割り入れ、口をようじで縫うようにとめる。これを4個作る。
❹なべに③、Aを入れて強火にかけ、煮立ったら落とし蓋をして弱火で10分煮る。②のいんげんを加えてさらに5分煮て、器に盛る。（藤井）

71円　献立ヒント　レシピ331＋レシピ419

レシピ 242
外はカリカリ、中はマヨ味で子どもも大好き

袋焼きツナマヨサラダ

28円　献立ヒント レシピ20＋417

袋焼きバリエ

材料（4人分）
油揚げ2枚　ツナ缶（大）1缶　玉ねぎ1個
A（マヨネーズ大さじ3　ねりがらし小さじ1　しょうゆ小さじ2）

作り方
❶油揚げは半分に切って開き、袋状にする。
❷ツナは缶汁をきる。玉ねぎはせん切りにして水にさらして辛みを抜き、水けをしぼる。
❸ボウルにAを入れてまぜ合わせる。②を加えまぜ、4等分する。
❹①の1切れに③の¼量を詰め、口をようじでとめ、これを4個作る。油を入れずに熱したフライパンに入れ、中火で両面をカリッと焼き、半分に切る。（藤井）

19円　献立ヒント レシピ123＋516

レシピ 244
激安食材のもやしを詰めれば食感も楽しい

袋焼きもやしバターソース

材料（4人分）
油揚げ2枚　もやし1袋　いり黒ごま少々　A（バター10g　中濃ソース大さじ1　塩小さじ½）

作り方
❶油揚げは短い辺を少し切って、長い袋状にする。
❷耐熱ボウルにもやしを入れてラップをふんわりとかけ、電子レンジで約2分加熱する。水けをしっかりふきとり、Aを加えまぜる。
❸①に②の½量を詰め、口をようじで縫うようにとめる。これをもう1個作る。油を入れずに熱したフライパンに入れ、中火で両面をカリッと焼く。食べやすく切り分け、器に盛り、ごまを振る。（藤井）

89円　献立ヒント レシピ439＋536

レシピ 243
具はあえるだけで、いためる手間なし！

袋焼きひじきじゃこねぎ

材料（4人分）
油揚げ2枚　ひじき(乾燥)10g　ちりめんじゃこ30g　ねぎ½本　青じそ10枚　おろししょうが少々　A（豆板醤小さじ1　しょうゆ大さじ½　ごま油大さじ1）

作り方
❶油揚げは短い辺を少し切って、長い袋状にする。
❷ひじきを洗ってたっぷりの水につけてもどす。熱湯でさっとゆでてざるに上げ、水けをしっかりときる。ねぎは小口切りに、青じそはせん切りにする。
❸ボウルにAを入れてよくまぜ、②とちりめんじゃこをまぜる。
❹①に③の½量を詰め、口をようじで縫うようにとめる。これをもう1個作る。油を入れずに熱したフライパンに入れ、中火で両面をカリッと焼く。食べやすく切り分け、器に盛り、しょうがをのせる。（藤井）

献立ヒント　レシピ136＋レシピ375

レシピ250
魚の骨せんべい

三枚におろした魚の骨に塩、こしょう各少々を振り、小麦粉をまんべんなくまぶし、170度の揚げ油でじっくり揚げる。

献立ヒント　レシピ51＋レシピ424

レシピ248
パン耳のカリカリ揚げ

パン耳は食べやすい長さに切って、中温の揚げ油でこんがりと揚げ、熱いうちに粉チーズをまぶす。

献立ヒント　レシピ339＋レシピ379

レシピ245
鶏皮のカリカリ揚げ

鶏皮はしょうゆにつけ、汁けをふいたら食べやすい大きさに切り、小麦粉をまぶして揚げ油でカラリと揚げる。

献立ヒント　レシピ133＋レシピ386

レシピ251
鮭皮のカリカリ焼き

鮭の身からはがした皮に軽く塩を振り、オーブントースターで焼き、好みでマヨネーズを添える。

捨てずに食べきる！ 0円おかずバリエ 1

献立ヒント　レシピ23＋レシピ384

レシピ246
鶏皮のカリカリいため

鶏皮は1cm角に切ってフライパンで油なしでいため、こんがりと焼けて脂がにじみ出たら脂をふいてしょうゆ、みりん、酒各同量を加えて汁けをとばし、七味とうがらしをまぶす。

献立ヒント　レシピ13＋レシピ394

レシピ252
出がらし削り節のふりかけ

だしをとったあとの削り節と白ごまをなべで軽くいり、水分をとばしたら、しょうゆ、みりん各同量で調味する。少し濃いめがよい。

献立ヒント　レシピ3＋レシピ516

レシピ249
出がらしこぶの佃煮

だしをとったあとのこぶはせん切りにして、しょうゆ、みりん、酒各同量を加えて煮汁がなくなるまで煮る。

献立ヒント　レシピ322＋レシピ257

レシピ247
パン耳のピザ

パン耳は長さを半分に切り、7～8本をひとまとめにしてテンパンに並べる。トマトケチャップを塗り、ピザ用チーズを散らし、オーブントースターで5～6分加熱する。

Part 5

スピード調理できて
栄養バランスもGOOD!

缶詰め・ねり物・乾物のおかず

安いときにまとめ買いして常備しておくと便利な缶詰めや乾物。
肉に負けない食べごたえのあるねり物。
加工されているので、調理のひと手間が省けるうえに、
素材の出すうまみやコク、風味が、節約おかずの味アップに大貢献します。
食物繊維やミネラルも豊富です。

ツナ缶　魚介缶　大豆缶　コーン缶　コンビーフ缶　ちくわ　はんぺん

さつま揚げ　はるさめ　ひじき　切り干し大根　麩　高野どうふ

特売になりやすく、加熱いらずで常備にピッタリ

缶詰めのおかず

種類豊富な缶詰めは、おかずが少し物足りないというときに便利。長期保存がきくので、特売日に買いおきをしておきましょう。

ツナ缶

35円　献立ヒント　レシピ377＋レシピ524

レシピ253

ツナのうまみとピリ辛味でごはんが進む

ツナとなすの麻婆風

材料（4人分）
ツナ缶（大）1缶　なす4個　万能ねぎの小口切り1本分　A（しょうゆ大さじ1　豆板醤大さじ½　砂糖小さじ1）　B（かたくり粉小さじ½　水小さじ1）　サラダ油大さじ4　ごま油小さじ1

作り方
❶なすは長さを半分に切り、縦4～6つ割りにする。
❷フライパンにサラダ油を熱し、なすを2～3分揚げ焼きにし、とり出す。
❸フライパンに油を大さじ½ほど残して熱し、缶汁をきってあらくほぐしたツナを入れ、②を戻し入れ、水½カップ、Aを加える。煮立ったらBの水どきかたくり粉でとろみをつけ、香りづけにごま油を加え、火を止める。器に盛り、万能ねぎを散らす。（重信）

49円　献立ヒント　レシピ212＋レシピ394

レシピ254

ツナの油でたねがしっとり、口当たりも◎

ピーマンのツナ詰め焼き

材料（4人分）
ツナ缶（大）2缶　ピーマン（大）4個　A（玉ねぎのみじん切り⅙個分　卵1個　小麦粉大さじ1　塩小さじ½　こしょう少々）　トマトケチャップ適量　小麦粉適量　サラダ油大さじ1

作り方
❶ピーマンは縦半分に切ってへたと種を除き、内側に小麦粉を茶こしなどで薄くふるいかける。
❷ツナは缶汁をきり、ボウルに入れてほぐし、Aを加えてよくまぜ合わせ、①に等分に詰める
❸フライパンにサラダ油を熱し、②をツナの面を下にして並べ入れ、弱めの中火で2～3分、こんがりと焼く。上下を返し、水大さじ2を注いで蓋をし、2～3分蒸し焼きにする。器に盛り、ケチャップをかける。（重信）

レシピ256 衣をつける手間も揚げる必要もない手軽さ

ツナの揚げないオープンコロッケ

材料（4人分）
ツナ缶(大)1缶　玉ねぎ½個　じゃがいも(小)4個　パセリのみじん切り少々　塩、あらびき黒こしょう各少々　バター30g　パン粉大さじ4

作り方
❶玉ねぎはあらみじん切りにし、バター20gをとかしたフライパンで中火で透き通るまでいためる。
❷じゃがいもは皮をむいて一口大に切り、水をつけてラップで包み、電子レンジで約9分加熱する。
❸②をボウルに移し、すりこ木などでマッシュする。①を加えてムラなくまぜ、缶汁をきったツナを入れ、塩、こしょうで味をととのえる。
❹耐熱容器に③を移し、パン粉を振り、バター10gを小さく切ってのせる。
❺オーブントースターで表面がきつね色になるまで2～3分焼く。表面がカリッとすれば、でき上がり。仕上げにパセリを散らす。（相田）

レシピ258
ゆで水菜にツナ&ごま&マヨでコクを加えて

ツナと水菜のすりごまマヨネーズあえ

材料（4人分）
ツナ缶（小）1缶　水菜1束　マヨネーズ大さじ4　すり白ごま大さじ2　塩少々

作り方
❶水菜はさっとゆでて水けをしぼり、4cm長さに切る。
❷ツナは缶汁をきり、ボウルに入れてほぐし、ごま、マヨネーズとまぜる。
❸②に①を加えてよくまぜ、塩で味をととのえる。（森）

レシピ255 オリーブ油の香りでおいしさがグンとアップ

ツナとチンゲンサイのめんつゆいため

材料（4人分）
ツナ缶(大)1缶　チンゲンサイ(大)2株　玉ねぎ½個　めんつゆ(3倍濃縮タイプ)大さじ2　こしょう少々　オリーブ油大さじ1

作り方
❶ツナは缶汁大さじ1をとり分けて残りの缶汁をきる。チンゲンサイは長さを半分に切り、軸を小さめのくし形に切る。玉ねぎは5mm厚さに切る。
❷フライパンにオリーブ油とツナの缶汁を熱し、玉ねぎをいため、しんなりしたらチンゲンサイの軸、ツナを加えてさらにいためる。軸に火が通ったらめんつゆ、こしょう、チンゲンサイの葉を加え、さっといため合わせる。（今泉）

レシピ257
具がゴロゴロ、ボリューム満点のサブおかず

ツナとブロッコリーのマカロニサラダ

材料（4人分）
ツナ缶（大）1缶　ブロッコリー1個　マカロニ50g　玉ねぎ¼個　マヨネーズ大さじ3　A（カッテージチーズ100g　あればケイパー大さじ1）　塩、こしょう各少々　オリーブ油少々

作り方
❶ブロッコリーは小房に分ける。茎は厚く皮をむいて1cm角の棒状に切り、ともに塩ゆでにする。
❷マカロニは塩を加えた熱湯で少しやわらかめにゆでる。水でさっと洗ってオリーブ油をまぶす。
❸ツナは缶汁をきり、玉ねぎはみじん切りにする。
❹ボウルに③の玉ねぎとマヨネーズを入れて5分おいて味をなじませる。A、①、②、③のツナを入れてよくまぜ、味をみて塩、こしょうでととのえる。（瀬尾）

レシピ259
特売のさば缶を使って主役級おかずに

さば缶と大根のピリ辛煮

材料（4人分）
さば水煮缶（大）1缶　大根（大）½本　ねぎのあらみじん切り少々　豆板醤小さじ1　A（鶏がらスープのもと小さじ½　しょうゆ大さじ2　酒大さじ3　砂糖大さじ1）　ごま油大さじ2

作り方
❶大根は1㎝厚さのいちょう切りにする。
❷フライパンにごま油を熱して①をよくいため、豆板醤を加えてさっといためる。
❸水1カップとAを加え、煮立ったらさばを缶汁ごと加え、蓋をして弱めの中火で10分～12分煮る。
❹蓋をとってひとまぜし、器に盛り、ねぎを散らす。（今泉）

レシピ261
さばにわさびを加えてあっさり仕立てに

さば缶となすのわさびマヨあえ

材料（4人分）
さば水煮缶1缶　なす2個　青じそ2枚　塩小さじ2　A（マヨネーズ大さじ3　しょうゆ、ねりわさび各小さじ1　塩、こしょう各少々）

作り方
❶なすは縦半分にして薄切りにする。水1カップに塩を加えてなすをつけ、15分ほどおく。しんなりしたら、軽くもんで水けをしぼる。
❷ボウルにAを入れてまぜ合わせ、①、缶汁をきってあらくほぐしたさばをあえる。
❸青じそを器に敷き、②を盛る。（重信）

レシピ260
相性抜群のさば&みそで、こってり味の一品

さば缶とキャベツのみそいため

材料（4人分）
さば水煮缶1缶　キャベツ3枚　A（みそ、酒各大さじ1½　しょうゆ大さじ½）　サラダ油大さじ1

作り方
❶さばは軽く缶汁をきり、あらくほぐす。キャベツはざく切りにする。
❷Aはよくまぜ合わせる。
❸フライパンにサラダ油を熱し、さば、キャベツを強火でいためる。キャベツがしんなりしたら、②を加えてからめるようにいためる。（重信）

レシピ**262** ゴロッとした鮭のかたまりで満足度アップ

鮭缶とじゃがキャベのチャンチャン焼き風

材料（4人分）
鮭缶2缶　じゃがいも2個　キャベツ（大）2枚　エリンギ1本　A（みそ大さじ4　みりん大さじ2　砂糖大さじ1　おろしにんにく1かけ分）

作り方
❶じゃがいもは皮をむいて一口大に切り、電子レンジで6～7分加熱し、中までやわらかくする。キャベツはざく切りにし、エリンギは縦半分にし、薄切りにする。
❷Aはまぜ合わせておく。
❸アルミホイルを広げ、缶汁をきった鮭、①のそれぞれ半量を並べ、Aの半量をかける。アルミホイルで包み、キャベツ、エリンギがしんなりするまでオーブントースターで約10分焼く。もう半分も同じように作る。（相田）

レシピ**263** 加熱する手間なし。大根おろしでさっぱりと

鮭缶のおろしポン酢あえ

材料（4人分）
鮭缶（大）1缶　大根400g　貝割れ菜½パック　ポン酢じょうゆ大さじ2

作り方
❶鮭は缶汁をきり、ほぐす。貝割れ菜は根元を落とし、長さを半分に切る。
❷大根はすりおろし、軽く水けをきる。器に盛り、①をのせ、ポン酢じょうゆをかけて食べる。（今泉）

レシピ**264** かば焼きを入れると卵焼きがグーンと豪華に

う巻き風いわしのかば焼き缶入り厚焼き卵

材料（4人分）
いわしのかば焼き缶1缶　卵6個　青じそ4枚　A（めんつゆ大さじ1　砂糖小さじ2　塩ひとつまみ　水140mℓ）　サラダ油適量

作り方
❶青じそはかたい軸を切り落とす。
❷卵はときほぐし、Aを加えてまぜる。
❸卵焼き器またはフライパンにサラダ油をひき、②の⅙量くらいを全体に流す。奥のほうに青じそを重ならないように一列に並べ、その上にかば焼きをのせる。
❹向こう側から手前に巻き込む。再び②を流し、巻き込む。これを4～5回繰り返す。
❺食べやすい大きさに切って器に盛り、好みで大根おろしを添える。（相田）

レシピ **265**

大豆をよくいためることでおいしさアップ

三目いため

材料（4人分）
大豆水煮缶1缶　にんじん1本　こんにゃく1枚　酒、しょうゆ各大さじ2　サラダ油大さじ1

作り方

1. こんにゃくは水からゆでてアク抜きし、冷めたら1cm角に切る。にんじんは皮をむいてから1cm角に切る。
2. フライパンにサラダ油を入れて中火で熱し、大豆をよくいためる。
3. ①を加え、全体に火が通ったら、酒、しょうゆを加え、にんじんがやわらかくなるまでいため煮する。（藤野）

レシピ **267**

鶏がらスープのうまみを大豆に煮含ませて

大豆と手羽先のしょうゆ煮込み

材料（4人分）
大豆水煮缶2缶　鶏手羽先8本　鶏がらスープのもと小さじ1　しょうゆ大さじ2　サラダ油大さじ1

作り方

1. 大豆は缶汁をきる。手羽先は先を切り落とし、サラダ油を熱したフライパンで、中火でこんがり焼く。
2. なべに①を入れ、水1½カップ、鶏がらスープのもと、しょうゆを加え、落とし蓋をして中火で10分ほど煮る。
3. 落とし蓋をとってひとまぜしたら強火にし、なべを揺すりながら煮汁がほとんどなくなるまで煮詰める。（夏梅）

レシピ **266**

大豆がたっぷりでボリュームおかずに

大豆と豚ひきのトマト煮

材料（4人分）
大豆水煮缶200g　豚ひき肉250g　トマト水煮缶（大）1缶　玉ねぎのみじん切り½個分　にんにくのみじん切り1かけ分　A（固形スープ1個　トマトケチャップ大さじ1　塩小さじ½強　こしょう少々）　バター大さじ1　小麦粉大さじ1

作り方

1. フライパンを熱してバターをとかし、中火で玉ねぎをあめ色になるまでいためる。
2. にんにく、ひき肉を加えて強火にし、焼き色がつくまでいためる。小麦粉を振り入れ、さらにいためる。
3. トマトを入れてつぶしながらまぜる。大豆とAを入れて一煮立ちさせ、弱火で10分煮る。（瀬尾）

レシピ **268** カリカリの歯ごたえはおつまみにもおすすめ

大豆の一口かき揚げ

材料（4人分）
大豆水煮缶、鶏ひき肉各100g　万能ねぎ½束　いり黒ごま大さじ2　塩少々　小麦粉大さじ10　揚げ油適量

作り方
①万能ねぎは小口切りにし、大豆、ひき肉とともにボウルに入れてまぜる。
②ごま、小麦粉を加えてまぶすようにまぜ、水大さじ5～を少しずつ加えて、やっとまとまるぐらいにする。
③揚げ油を中温に熱し、菜箸とスプーンを使って一口大ずつ油に落とし、こんがりするまで揚げる。
④カリッとしてきたらとり出し、塩を振る。（森）

レシピ **269** メキシコ風のピリ辛味があとを引く

ほうれんそうのチリコンカン

材料（4人分）
大豆水煮缶1缶　ほうれんそう1束　玉ねぎ¼個　鶏ひき肉200g　A（水1カップ　顆粒コンソメ小さじ½　トマトケチャップ大さじ3　塩小さじ⅓　しょうゆ小さじ1　ペッパーソース少々）　サラダ油大さじ½

作り方
①玉ねぎはみじん切りにする。ほうれんそうは塩（分量外）を入れた熱湯でゆでて冷水にとり、2㎝長さに切り、水けをしぼる。
②なべにサラダ油をひき、玉ねぎがしんなりするまで中火でいためる。ひき肉を加え、ほぐれるまでさらにいためる。
③②に大豆を入れてAを加え、2～3分煮、①のほうれんそうを加え、一煮立ちさせる。（重信）

レシピ **270** 仕上げにバターをのせて、洋風スープ煮

豆とアスパラのスープ煮

材料（4人分）
大豆水煮缶（ドライパック）1缶　グリーンアスパラガス1束　チキンスープのもと小さじ1　塩、こしょう各適量　バター10g

作り方
①アスパラガスは根元の皮のかたい部分をピーラーなどでむいて、長さを3等分に切る。
②なべに水2カップとチキンスープのもとを入れて強火にかけ、煮立ったら①を入れて蓋をし、3分ほど弱火で煮る。大豆も加えてさらに1分煮て、塩、こしょうで味をととのえる。
③②を器に盛り、4等分に切ったバターを1かけずつのせる。（栗山）

レシピ **271**

コーンの衣なら、かさ出しにもなる

とうもろこしの鶏だんご

材料（12個分）
ホールコーン缶（大）1缶　鶏ももひき肉300g　玉ねぎ⅓個　ピーマン2個　赤ピーマン1個　A（とき卵½個分　塩小さじ½　砂糖、しょうゆ、ごま油、かたくり粉各小さじ2）　かたくり粉大さじ4　揚げ油適量

作り方
❶玉ねぎはみじん切りにする。ピーマンはへたと種をとり除いて3㎝幅に切る。
❷ボウルにひき肉とAを入れ、粘りが出るまでもみまぜる。粘りが出たら、玉ねぎを加えさらにまぜる。
❸皿などに缶汁をよくきったコーンとかたくり粉をまぜて広げる。
❹②を12等分に丸め、③をまわりにつける。
❺揚げ油を150～160度に熱し、④を入れてきつね色に揚げる。ピーマンも素揚げして盛り合わせる。（小林）

レシピ **273**　クリームコーンとかぼちゃのダブルな甘み

かぼちゃとソーセージのクリームコーンシチュー

材料（4人分）
クリームコーン缶1缶（400g）　かぼちゃ½個　ベビーウインナソーセージ20本　玉ねぎ½個　固形スープ1個　バター大さじ1　塩、こしょう各少々

作り方
❶かぼちゃは種とわたをとって一口大の薄切りにする。玉ねぎはみじん切りにする。
❷なべにバターを熱し、玉ねぎをいため、透き通ってきたらソーセージを加えてさらにいためる。
❸かぼちゃを加えていため、コーン、水2カップ、固形スープを加えて煮立てる。
❹弱火で15分煮て塩、こしょうで味をととのえる。好みでパセリを振る。（森）

レシピ **272**　コーンの自然な甘みをパスタにからめて

コーンスープパスタ

材料（4人分）
ホールコーン缶1缶（130g）　玉ねぎ½個　ハム6枚　ショートパスタ200g　牛乳2カップ　固形スープ1個　粉チーズ、バター各大さじ2　塩、こしょう各少々

作り方
❶玉ねぎは薄切りにし、ハムは半分に切って1㎝幅に切る。
❷ショートパスタは袋の表示どおりにゆでる。
❸フライパンにバターを熱し、①をいためる。
❹牛乳と固形スープとコーンを加えて煮立て、粉チーズ、塩、こしょうで味をととのえ、水けをきった②を加えて一煮立ちさせる。好みでパセリを振る。（森）

レシピ274

じゃがいもとコンビーフの組み合わせは絶品

コンビーフとポテトのチーズ焼き

材料（4人分）

コンビーフ缶1缶　じゃがいも4個　ピザ用チーズ60g　塩小さじ½　こしょう適量　サラダ油大さじ1

作り方

❶じゃがいもはせん切りにして水にさらし、水けをきる。

❷フライパンにサラダ油を熱してコンビーフをほぐしながらいため、じゃがいもを加えていため合わせる。塩、こしょうをやや多めに振って調味する。

❸火を止め、チーズを加えて全体をまぜ合わせ、好みでパセリを散らして蓋をする。チーズがとけたら、そのまますべらせて器に移す。

レシピ276

軽く煮るだけでもコンビーフがいい味出しに

コンビーフとキャベツのさっと煮

材料（4人分）

コンビーフ缶（小）1缶　キャベツ½個　しょうが1かけ　万能ねぎの小口切り適量　だし3カップ　塩、こしょう少々

作り方

❶キャベツは大きめのざく切りにし、しょうがは薄切りにする。コンビーフはあらくほぐす。

❷なべに①を入れ、だしを注いで火にかけ、煮立ったら中火にしてキャベツがしんなりするまで煮る。味をみて、塩、こしょうで調味する。

❸器に盛り、万能ねぎを散らす。

（フードアイ）

レシピ275

コンビーフのうまみがアクセントに

コンビーフとさつまいもの春巻き

材料（4人分）

コンビーフ缶（小）1缶　さつまいも1本　塩、こしょう各少々　春巻きの皮8枚　揚げ油適量

作り方

❶さつまいもは皮をむいて大きめに切り、ゆでる。熱いうちにあらめにつぶし、コンビーフをくずして加え、塩、こしょうをまぜて8等分する。

❷春巻きの皮で①を包み、170度の揚げ油で色よく揚げる。

❸器に盛って、好みでセロリの葉などを飾り、ねりがらしを添える。

（上村）

魚介のうまみと風味で、いつもの献立に変化がつく

ねり物のおかず

ちくわ、はんぺん、さつま揚げなどのねり物は、値段が安いのにボリューム出し＆味出しに大活躍。やわらかい食感も人気です。

レシピ 277

素朴でシンプルだけど深い味わいの煮物

ちくわの甘辛煮

材料（4人分）
ちくわ4本　A（しょうゆ、酒、みりん各大さじ3）

作り方
❶ちくわは薄切りにしてAとともになべに入れてまぜながら煮立て、汁けがほとんどなくなるまで煮る。（森）

レシピ 279

ふわふわとした食感がスナック感覚

はんぺんとかぼちゃの焼き春巻き

材料（4人分）
はんぺん（小）1枚　かぼちゃ¼個　ピザ用チーズ 30g　A（玉ねぎのみじん切り、マヨネーズ各大さじ3　牛乳大さじ2　塩、こしょう各少々）　春巻きの皮8枚　小麦粉大さじ3　サラダ油大さじ2

作り方
❶かぼちゃはラップをかけて電子レンジで7分加熱し、熱いうちに皮を除いてつぶす。あら熱がとれたらチーズ、Aを加えてまぜる。
❷はんぺんは7～8㎜角に切り、①にまぜる。
❸春巻きの皮に②を等分して細く長くのせて巻き、水大さじ2でといた小麦粉をのりにして巻き終わりに塗る。
❹フライパンにサラダ油を熱し、③の両面をこんがりと焼く。好みでトマトケチャップをつける。（今泉）

レシピ 278

はんぺんは手でちぎると卵とよくなじむ

はんぺん、トマト、卵の中華いため

材料（4人分）
はんぺん（大）1枚　トマト2個　卵4個　ねぎのみじん切り 15㎝分　塩、こしょう各少々、オイスターソース適量　ごま油、サラダ油各大さじ1

作り方
❶トマトは一口大のざく切りにし、はんぺんは手で1～2㎝大にちぎる。
❷ボウルに卵を割り入れ、はんぺんを加えまぜる。
❸熱したフライパンにごま油、サラダ油を入れ、ねぎとトマトをいためる。
❹③に②を加え、全体をからめながらいため、塩、こしょうで軽く味つけし、卵がまだ少しとろみがあるうちに火を止める。
❺器に盛って、あれば小口切りにした万能ねぎを振り、オイスターソースをかける。（植松）

レシピ **280** 口当たりがさっぱりとしたサブおかず

さつま揚げと豆もやしのナムル

材料（4人分）
さつま揚げ 120g　大豆もやし1袋　にんじん¼本　塩小さじ½〜1　こしょう少々　いり黒ごま適量　ごま油大さじ1

作り方
❶もやしは塩ゆでにする。さつま揚げは5㎜幅の細切りにする。にんじんはせん切りにする。
❷①に塩、こしょうし、ごま油をあえる。器に盛り、ごまを振る。（井澤）

レシピ **281** さつま揚げのソフトな歯ごたえがメリハリに

さつま揚げと玉ねぎのサラダ

材料（4人分）
さつま揚げ1枚　玉ねぎ2個　青じそ6枚　A（酢大さじ3　薄口しょうゆ大さじ1　ごま油、砂糖各少々）

作り方
❶さつま揚げをさっとゆでるか、熱湯をかけて油抜きし、幅が広ければ縦半分に切ってから薄切りにする。
❷玉ねぎは縦半分に切って繊維にそって薄切りにする。
❸青じそは縦半分に切ってからせん切りにし、玉ねぎといっしょにたっぷりの氷水にさらし、ざるに上げて水けを切る。
❹Aをまぜ合わせて和風ドレッシングを作り、③とさつま揚げをあえる。（大庭）

レシピ **282** しらたきに明太子の辛味がよくからんで

しらたきのめんたいあえ

材料（4人分）
しらたき（小）1袋　からし明太子（大）½腹　酒大さじ2

作り方
❶しらたきはざく切りにし、さっと下ゆでする。
❷明太子は皮に切り目を入れてしごき出し、酒を加えてのばす。
❸しらたきの水けをきり、なべに入れて火にかけ、からいりする。
❹②を加え手早くまぜる。（小川）

ジュワッと味をしみ込ませれば、ごはんが進む、進む！

乾物のおかず

常備できる乾物はピンチのときに大活躍。和風のおかずに使う食材が多いけれど、洋風やエスニック風にも挑戦しましょう。

献立ヒント 10円 レシピ18＋レシピ524

レシピ283

はるさめたっぷりのピリ辛&さわやか風味

エスニックはるさめサラダ

材料（4人分）
はるさめ80g　豚ひき肉100g　玉ねぎ¼個　A（ナンプラー大さじ2½　砂糖小さじ1　にんにくのすりおろし小さじ½　一味とうがらし適量）　レモン汁½個分　サラダ油大さじ½

作り方
❶はるさめは熱湯でもどし、ざく切りにする。
❷玉ねぎは薄切りにして、水にさらしておく。
❸フライパンにサラダ油を熱してひき肉をいため、少し焼き色がつくまで2〜3分ほど強めの中火でいため、①を加える。
❹はるさめがあたたまる程度までいためてからAを加え、水けをきった②とレモン汁を加えてひとまぜし、皿に盛る。好みで香菜を散らしても。（重信）

献立ヒント 89円 レシピ310＋レシピ316

レシピ285

お弁当の小さなおかずにもぴったり

焼き塩鮭入りひじきのマリネ

材料（2人分）
ひじき（乾燥）20g　甘塩鮭1切れ　A（めんつゆ<2倍濃縮タイプ>、水各大さじ1　砂糖少々　酢大さじ2　ごま油大さじ½）

作り方
❶ひじきはたっぷりの水につけてもどし、水けをよくきって食べやすい長さに切る。
❷鮭は焼いて皮と骨を除き、あらくほぐす。
❸Aはボウルなどに入れてよくまぜ合わせておく。
❹ひじきをさっとゆで、湯をよくきってあたたかいうちに③につける。②も加えて味をなじませる。（武蔵）

献立ヒント 43円 レシピ304＋レシピ404

レシピ284

ミネラルたっぷりの栄養満点レシピ

ひじきおやき

材料（4人分）
芽ひじき大さじ4　にら1束　鶏ひき肉100g　いり白ごま大さじ2　小麦粉½カップ　ごま油大さじ1

作り方
❶ひじきは水につけてもどす。にらは小口切りにする。
❷ボウルに水けをきったひじき、にら、ひき肉を加えてまぜ、ごま、小麦粉を加えてまぜ、水大さじ4を加える。
❸フライパンにごま油を熱し、スプーン1杯ずつ加えてスプーンの背で押して平らにならし、両面こんがりと焼く。器に盛ってしょうゆを添える。（森）

レシピ287 歯ごたえたっぷりだから満腹感が出る

切り干し大根のしょうゆいため煮

材料（4人分）
切り干し大根1袋　豚こまぎれ肉100g　スナップえんどう200g　塩少々　だし2カップ　A（みりん、しょうゆ、酒各大さじ2　オイスターソース大さじ1）　サラダ油大さじ1

作り方
❶切り干し大根は水につけてもどす。豚肉は2㎝幅に切って塩を振る。
❷フライパンにサラダ油を熱し、豚肉をいためる。
❸水けをしぼった切り干し大根を加えていため、だしを加えて煮立てる。
❹まぜながら5分煮て、Aを加えて筋をとったスナップえんどうを加え、ときどきまぜながら水分をとばすように煮る。（森）

レシピ286 黒ごまをよくからめて香ばしさたっぷり

切り干し大根のごま酢あえ

材料（4人分）
切り干し大根40g　おろししょうが小さじ1　すり黒ごま大さじ3　A（玄米酢または酢、酒各大さじ2　しょうゆ大さじ1）

作り方
❶切り干し大根はざるに入れて水でさっと洗う。バットに平らに広げて、水大さじ1〜2をかけ、たまに上下を入れかえて5分おく。Aはよくまぜておく。
❷ボウルに①を入れてAを加えまぜ、10分くらいおいて味をなじませる。
❸おろししょうがとごまを加えてよくあえ、器に盛って、好みでしょうがのせん切りを飾る。（牧原）

レシピ289 せん切り野菜を合わせてさっぱりと

切り干し大根のサラダ

材料（4人分）
切り干し大根50g　きゅうり1本　にんじん⅓本　いり白ごま大さじ1　A（酢大さじ4　ごま油大さじ2　しょうゆ大さじ1　みりん小さじ1　こしょう少々）

作り方
❶切り干し大根はたっぷりの水の中でもみ洗いして水けをしぼり、ひたひたの水に15分〜20分ひたしてもどし、水けをしぼる。
❷きゅうり、にんじんはせん切りにする。
❸Aを合わせたたれで、①、②をあえて器に盛り、ごまを振る。（検見﨑）

レシピ288 桜えびとごま油で風味豊かな煮物に

切り干し大根と桜えびのごま油いため

材料（2人分）
切り干し大根、桜えび各10g　ねぎ15㎝　酒大さじ1　しょうゆ小さじ1　ごま油大さじ1

作り方
❶切り干し大根は湯につけてもどし、流水でよく洗って水けをしぼり、4〜5㎝長さに切る。ねぎはあらみじんに切る。
❷フライパンにごま油を熱し、桜えび、ねぎをいためる。香りが立ったら①の切り干し大根を加えていため合わせ、酒、しょうゆを加えて調味する。（植木）

レシピ **291** 麩は水でもどさず乾いたままスープに投入!

麩のコンソメスープ仕立て

材料（4人分）
麩1カップ（10g） 鶏もも肉100g じゃがいも2個 赤ピーマン、玉ねぎ各½個 塩、こしょう各適量 固形スープ2個 サラダ油小さじ2

作り方
❶鶏肉は一口大に切って塩、こしょうを振る。
❷じゃがいもは皮をむいて一口大に切る。赤ピーマン、玉ねぎは1cm角に切る。
❸なべにサラダ油を熱して鶏肉をいため、玉ねぎを加えてしんなりしたらじゃがいもを加え、水4カップと固形スープを加えて煮立てる。
❹10分煮て赤ピーマンを加え、麩も加えて5分煮、塩、こしょうで味をととのえる。好みでパセリのみじん切りを散らす。（森）

レシピ **290** 麩と卵のふわふわな口当たりが絶品

麩麻婆の卵とじ

材料（4人分）
すき焼き麩10個 卵2個 豚ひき肉100g にんにく、しょうが各½かけ ねぎ1本 ねぎの青い部分少々 豆板醤小さじ1 A（中華スープ2カップ しょうゆ大さじ1 砂糖小さじ½ 塩少々） 水どきかたくり粉、ごま油適量

作り方
❶麩は水でもどし、半分に切る。にんにくとしょうがはみじん切りにする。
❷熱したフライパンにごま油を入れ、にんにく、しょうがを入れて香りが出たら豆板醤を加え、ひき肉をいためる。
❸②にAを入れて味をととのえる。麩を加えてさっと煮、水どきかたくり粉でとろみをつける。みじん切りにしたねぎを加え、卵をといて流し入れる。
❹器に盛り、ねぎの青い部分を斜め切りにしたものをのせる。（コマツザキ）

レシピ **293** 卵液を吸った高野どうふは食感がなめらか

高野どうふの卵含ませいため

材料（4人分）
高野どうふ3枚 卵2個 豚ひき肉100g しょうが1かけ ねぎ1本 塩少々 みりん、酒各大さじ1 A（しょうゆ、みりん各大さじ1） ごま油大さじ1

作り方
❶高野どうふは水につけてもどし、手で押さえるようにしぼり、一口大に切る。
❷卵はときほぐして塩、みりん、酒を加えて①を加え、卵液を含ませる。
❸しょうがはみじん切りにし、ねぎは小口切りにしてごま油を熱したフライパンでいためる。
❹ひき肉を加えてポロポロになるまでいためる。
❺②を加えてこんがりするまでいため、Aを加えて調味する。（森）

レシピ **292** ひき肉少なめでも、麩でガッツリかさまし

麩入りギョーザ

材料（4人分）
麩7g 豚ひき肉150g もやし1袋 しいたけ3枚 ねぎ½本 A（中華スープのもと<顆粒>、しょうゆ各小さじ⅔ 塩小さじ⅓） ギョーザの皮24枚 ごま油小さじ1弱

作り方
❶もやしはよく洗い、長さを2～3等分に切る。ねぎと軸を除いたしいたけはみじん切りにする。
❷ボウルに①とひき肉、Aを入れたら、麩を手でくだきながら加えてよくまぜ、皮に包む。
❸フライパンにサラダ油大さじ1（分量外）を入れ強火で熱し、②を並べる。ギョーザが半分つかる程度に水を加えて蓋をし、強火で蒸し焼きにする。
❹1分たったら中火にし、さらに3分したら弱火にする。水分がなくなったところで蓋をあけて強火にし、仕上げにごま油を回しかける。

Part 6

毎日食べたい
ヘルシーレシピを素材別に

野菜のおかず

健康志向の高まりで人気急上昇の野菜。
白菜やキャベツの甘み、トマトのみずみずしさなどを丸ごと味わえるのがおうちごはんです。
旬の安くておいしい時期に、たっぷり飽きずに食べられるレシピ、
子どもたちも大好きな味つけのいまどきレシピを厳選しました。

大根　キャベツ　白菜　ほうれんそう　小松菜
トマト　なす　じゃがいも　レタス　チンゲンサイ
玉ねぎ　ピーマン　にんじん　かぼちゃ　さつまいも
長いも　れんこん　ごぼう　かぶ　ブロッコリー

食べごたえのある野菜ですが、少量の肉や魚を合わせればうまみもたっぷりなメインに!

レシピ294

ぶりのあらのうまみがしみた大根の定番煮物

大根とぶりのあら煮

65円

献立ヒント レシピ410+レシピ536

材料（4人分）

大根1本　ぶりのあら500g　しょうがのせん切り1かけ分　A（水½カップ　酒大さじ4　みりん大さじ3　砂糖大さじ1　しょうゆ大さじ2）　だし1カップ　しょうゆ大さじ2

作り方

1. 大根は2㎝厚さの半月切りにして面取りをし、たっぷりの水に入れて煮立て、弱火にして蓋をし、約30分下ゆでする。
2. ぶりのあらは食べやすく切って下ゆでし、水にとってうろこなどを除く。
3. Aを煮立てて②を1切れずつ入れ、しょうがの半量を加えて煮立て、蓋をして10～15分、上下を返しながら煮る。
4. 別のなべに大根を入れて③の煮汁、だしを注ぎ、蓋をして10分煮たら、しょうゆ、③のあらを加えて煮る。
5. 器に盛り、残りのしょうがをのせる。（大庭）

レシピ295

おなじみの麻婆いためを大根でアレンジ

麻婆大根

材料（4人分）

大根⅓本　豚ひき肉100g　にら¼束　ねぎ、しょうが、にんにくのみじん切り各適量　豆板醤小さじ1　A（固形スープ¼個　水1カップ　しょうゆ大さじ2½　酒大さじ1　砂糖小さじ2）　B（かたくり粉大さじ½　水大さじ1）　酢小さじ1　サラダ油大さじ1

作り方

1. 大根は大きめの乱切りにして下ゆでする。にらは2㎝長さに切る。
2. 中華なべにサラダ油を熱して、ねぎ、しょうが、にんにくをいため、香りが立ったら、豆板醤、ひき肉の順に加えてほぐしいためる。
3. ひき肉に火が通ったら大根をさっといため合わせる。Aを加えて煮立て、中火にしてしばらく煮る。大根に味がしみたら、にらを加え、Bの水どきかたくり粉を回し入れてとろみをつけ、酢を加えまぜる。

35円

献立ヒント レシピ280+レシピ419

42円

献立ヒント レシピ406＋レシピ21

レシピ296

青じそと梅肉をサンドして、あと味さっぱり

大根のはさみ揚げ

材料（4人分）

大根（小）½本　ツナ缶（小）1缶　青じそ4枚　梅干し（小）3個　マヨネーズ大さじ1　A（小麦粉⅔カップ　とき卵1個分　水90～100㎖）　パン粉、揚げ油各適量

作り方

❶大根は皮つきのまま5㎜厚さの輪切りにし、計16枚用意する。

❷ツナは缶汁をきり、マヨネーズとまぜる。

❸青じそは半分に切り、梅干しは種を除く。

❹大根1枚に、青じそ1枚、②の⅛量、梅干しをちぎってのせ、もう1枚の大根ではさむ。これを計8個作る。まぜ合わせたA、パン粉の順に衣をまぶす。

❺揚げ油を160度に熱して④を入れ、きつね色になるまで10分ほど弱火で揚げる。（小林）

51円

献立ヒント レシピ405＋レシピ522

レシピ298

オイスターソースのこってり味がたまらない

大根と豚こまの中華いため

材料（4人分）

大根½本　豚こまぎれ肉200g　しょうが1かけ　ねぎ½本　酒、オイスターソース各大さじ2　しょうゆ、塩、こしょう各少々　ごま油大さじ1

作り方

❶大根はそぐように乱切りにする。豚肉は一口大に切り、塩、こしょうを振る。しょうがは薄切りにする。

❷フライパンにごま油を熱し、しょうが、豚肉をいため、色が変わったら大根を加えてさっといため、水1カップを加えてまぜながら煮る。

❸酒、オイスターソースを加えて水分をとばすようにいため、しょうゆで味をととのえる。器に盛り、ねぎの小口切りを散らす。（森）

25円

献立ヒント レシピ130＋レシピ534

レシピ297

ベーコンから出るコクが大根になじんで美味

大根のベーコン煮

材料（4人分）

大根½本　ベーコン2～3枚　A（固形スープ1個　砂糖大さじ1　しょうゆ大さじ1½）　刻みパセリ少々　バター大さじ1½

作り方

❶大根は2㎝厚さの半月切りにし、ベーコンは2㎝幅に切る。

❷なべにバターをとかし、ベーコン、大根の順にいためる。

❸②のなべにかぶるくらいの水を入れ、Aを加えて弱火でじっくり煮込む。

❹器に③を盛り、パセリを散らす。

キャベツ

やわらかい食感を生かしながら、いため物、煮物、サラダと和洋中問わず使いましょう。

レシピ 299

キャベツも肉だねもほろっとしたやわらかさ

ロールキャベツ

80円　献立ヒント　レシピ388＋レシピ515

材料（4人分）
ゆでたキャベツ８枚　A（牛ひき肉200ｇ　玉ねぎのみじん切り½個分　パン粉½カップ　卵１個　塩小さじ½　こしょう、ナツメグ各少々）　ベーコン２枚　玉ねぎ½個　B（水１カップ　くだいた固形スープ１個分　トマトジュース＜小＞１缶）　塩、ナツメグ、小麦粉、パセリのみじん切り各適量

作り方
❶ボウルにAを合わせ、粘りが出るまでまぜ、８等分にする。
❷キャベツは軸をそぎ、広げて軽く塩、ナツメグ、小麦粉を振り、①を包む。
❸なべに適当な大きさに切ったベーコン、薄切りにした玉ねぎを敷き、②を並べてBを加える。アクをとりながら弱火で30分煮、器に盛ってパセリを散らす。（堀江泰子・ひろ子）

レシピ 300

みそ味がキャベツの甘みを引き立てる

キャベツと豚肉のみそいため

材料（4人分）
キャベツ４枚　豚薄切り肉100～150ｇ　ピーマン３個　玉ねぎ１個　しょうが１かけ　A（砂糖大さじ３～４　酒大さじ２　みそ大さじ４）　サラダ油大さじ２

作り方
❶キャベツ、豚肉は一口大に切る。ピーマン、玉ねぎは3㎝角に切り、しょうがはせん切りにする。
❷Aは合わせておく。
❸フライパンにサラダ油の半量を熱し、玉ねぎ、キャベツ、ピーマンの順にいため、とり出す。
❹③のフライパンにサラダ油の残り半量を熱し、しょうが、豚肉をいためて②で調味する。③を戻し入れてさっと味をからめる。（藤田）

65円　献立ヒント　レシピ412＋レシピ467

レシピ 302 シンプル調理でキャベツのおいしさを満喫

キャベツと鶏肉のポトフ風

材料（4人分）
キャベツ¼個　鶏骨つきぶつ切り肉300g　A（塩、こしょう各小さじ¼）　B（湯3カップ　白ワイン<なければ酒>大さじ2　ローリエ1枚　タイム、ローズマリー各2本）　つぶしたにんにく1かけ分　塩、こしょう各適量

作り方
❶鶏肉はAをもみ込む。キャベツは芯をつけたまま、芯の部分から大きくくし形に切り分ける。
❷なべにBを合わせ、煮立てたところに鶏肉とにんにくを加える。再び煮立ったら中火にしてアクをとり、コトコトと10～15分煮る。
❸キャベツを加え、やわらかくなるまでさらに15分ほど煮込む。仕上げに塩、こしょうで味をととのえる。あればタイムを飾る。（検見崎）

レシピ 301 せん切りキャベツを肉だねに加えて増量

キャベツのメンチカツ

材料（4人分）
キャベツ⅓個　合いびき肉250g　玉ねぎのみじん切り½個分　A（卵1個　パン粉½カップ　塩小さじ½　こしょう適量）小麦粉、とき卵、パン粉、とんカツソース、揚げ油各適量

作り方
❶キャベツはせん切りにする。
❷ボウルにひき肉とAを入れ、粘りが出るまでねりまぜる。玉ねぎ、キャベツを加え、さらによくまぜる。
❸②を8等分し、小麦粉、とき卵、パン粉を順につけ、160度の揚げ油でこんがりと色づくまで揚げ、ソースをかける。（小林）

レシピ 303
厚揚げで肉を代用しても食べごたえ十分

キャベツと厚揚げのスパイシーいため

材料（4人分）
キャベツ3枚　厚揚げ1枚　にんにく、しょうがのみじん切り各1かけ分　カレー粉小さじ2　パセリのみじん切り少々　塩、こしょう各適量　サラダ油小さじ2

作り方
❶キャベツは一口大に切り、厚揚げは縦半分に切ってから1㎝厚さに切る。
❷フライパンにサラダ油を熱し、にんにく、しょうがをいため、厚揚げを加えて焼き色がつくまでいためる。
❸キャベツを加えていため合わせ、カレー粉を入れ、塩、こしょうで味をととのえる。器に盛り、パセリを散らす。（森）

レシピ **304**

白菜のかたい外葉をよく煮てうまみを出す

白菜と鶏だんごのスープ煮

白菜

1個買っても、火を通したり塩もみしたりすれば、かさが減ってたっぷりと食べられます。

材料（4人分）

白菜の外葉6枚　鶏ひき肉250g　しょうがのみじん切り1かけ分　ザーサイ適量　卵白1個分　だし8カップ　しょうゆ大さじ2　塩、こしょう各少々

作り方

❶白菜は縦に1㎝幅の細切りにする。ザーサイはみじん切りにする。

❷ボウルにひき肉を入れ、卵白、しょうが、塩、こしょうを加えてよくまぜる。

❸なべにだし、しょうゆを入れて火にかけ、煮立ったら白菜をなべにそわせるように入れ、一煮立ちさせる。②をスプーンで丸めながら加える。

❹アクをとり除き、煮えた順にザーサイを薬味にして食べる。（中神）

54円

献立ヒント　レシピ155＋レシピ466

レシピ **305**

白菜のかさを減らしてたっぷりと

塩もみ白菜と豚肉のいため物

材料（4人分）

白菜600g　豚バラ薄切り肉150g　塩適量　酒大さじ1　こしょう少々　サラダ油大さじ1

作り方

❶白菜は長さを半分に切り、軸は縦に1㎝幅に、葉は縦に2㎝幅に切る。

❷大きめのボウルに白菜を入れて塩小さじ2を振り、よくまぜる。同じ大きさのボウルに水を入れて重しにし、1時間ほどおく。白菜がしんなりしたら、水けをしぼる。

❸豚肉は3㎝幅に切る。

❹フライパンにサラダ油を熱して③をいため、色が変わったら①を加えていため、酒を振り、塩、こしょうで調味する。（大庭）

56円

献立ヒント　レシピ399＋レシピ530

レシピ **308**

しょうがの風味をきかせてやさしい味に

白菜と鶏肉のさっぱり煮

材料（2人分）
白菜 400g（⅙個）　鶏もも肉 200g
A（酒大さじ 2　しょうがの薄切り 2 枚）
B（みりん、薄口しょうゆ各大さじ 2）

作り方

❶白菜は葉と軸の部分に分け、軸は縦 4 等分に、葉は縦半分に切る。鶏肉は約 2 cm角に切る。

❷なべに水 1 カップ、鶏肉、Aを入れて火にかけ、煮立ってきたら火を弱めてアクをとる。Bを加え、蓋をして弱火で 5 分ほど煮る。

❸白菜の軸を加えて 10 分ほど煮、葉を入れてしんなりするまでさらに 10 分ほど煮る。（大庭）

レシピ **306**

家にある材料でパパッと作れる手軽さ

白菜とにんじんのカレーいため

材料（4人分）
白菜5～8枚　にんじん１本　カレー粉小さじ２　塩小さじ1　こしょう少々　サラダ油大さじ2

作り方

❶白菜は食べやすい大きさのざく切り、にんじんは薄切りにする。

❷フライパンにサラダ油を熱し、にんじんをいためて塩を振り、油が回ったら白菜を加え、カレー粉を振っていため合わせる。仕上げにこしょうを振る。（小川）

レシピ **307**

くるくる巻いて、ごちそう感アップ！

白菜とベーコンのロール煮

材料（4人分）
白菜（外側から）8 枚　ベーコン 8 枚　A（酒大さじ 2　チキンスープのもと 1 個）　塩、こしょう各少々
サラダ油大さじ 1

作り方

❶白菜は熱湯でゆで、あら熱がとれたら縦半分に切る。2 枚ずつ葉の向きを上下に変えて重ね、ベーコン 1 枚をのせて手前からくるくる巻き、ようじでとめる。

❷フライパンにサラダ油を熱し、①をこんがりと焼く。

❸水 2 カップとAを加え、煮立ったら蓋をして弱火で 15 ～ 20 分煮る。味をみて塩、こしょうでととのえ、ようじを抜いて汁ごと器に盛る。（今泉）

ほうれんそう・小松菜

おかずに青みがほしいときに大活躍。まとめてゆでて、小分けにして冷凍しておいても。

レシピ 309

見た目は肉がメインでも青菜がたっぷり

ほうれんそうの肉巻き照り焼き

材料（4人分）
ほうれんそう1束　豚もも薄切り肉8枚　A（おろし玉ねぎ大さじ2　おろしにんにく小さじ1　しょうゆ、水各大さじ4　砂糖大さじ3　みりん大さじ2）　塩、小麦粉適量　サラダ油大さじ1

作り方

❶ほうれんそうは塩を加えた湯でゆで、水にとって冷まして水けをしぼり、長さを4等分に切る。
❷豚肉を1枚ずつ広げる。①の水けをもう一度しぼって⅛量ずつを肉にのせてそれぞれ巻き、表面に小麦粉をまぶす。
❸フライパンにサラダ油を熱し、②を全面がきつね色になるまで転がしながら焼く。よくまぜたAを加えて煮からめる。
❹半分に切って器に盛る。（小林）

69円

献立ヒント　レシピ412＋レシピ423

37円

献立ヒント　レシピ194＋レシピ458

レシピ 310

仕上げのごま油で風味が増します

ほうれんそうの中華風いため

材料（4人分）
ほうれんそう1束　ねぎ1本　しょうが1かけ　豆板醤小さじ1～2　A（オイスターソース大さじ2　酒大さじ1　しょうゆ小さじ1　塩、こしょう各少々）　サラダ油大さじ1　ごま油少々

作り方

❶ほうれんそうは5cm長さに切る。ねぎは5mm厚さに斜めに切る。しょうがはせん切りにする。
❷フライパンにサラダ油としょうがを入れて熱し、豆板醤も加えていためる。
❸ねぎを加えてしんなりしてきたら、ほうれんそうを入れて強火でいためる。Aを加えていため、仕上げにごま油を回し入れる。（平野）

レシピ312 あさりのだしがしみて煮汁までおいしい

小松菜とあさりのいため煮

材料（2人分）
小松菜1束　あさり（殻つき）150g　しょうが½かけ　酒、しょうゆ各小さじ1　塩、こしょう各少々　サラダ油大さじ½

作り方
❶小松菜は4cm長さに切り、しょうがはせん切りにする。
❷中華なべにサラダ油、しょうがを入れていため、あさりを加えまぜ、口が開きかけたら小松菜を加え、いためる。
❸酒を振って蓋をして蒸し煮にし、あさりの口が開いたら味をみて、塩、こしょう、しょうゆで薄味に調味する。（池上）

レシピ311 だしに厚揚げのコクがにじんでホッとする味

小松菜と厚揚げの煮物

材料（4人分）
小松菜1束　厚揚げ1枚　A（だし2カップ　酒大さじ1　みりん、薄口しょうゆ各大さじ2）

作り方
❶小松菜は長さを4等分に切る。
❷厚揚げは熱湯でさっとゆでて油抜きし、ざるに上げる。縦半分にして1cm幅に切る。
❸なべにAを煮立てて、厚揚げを入れて煮る。煮立ったら蓋をして中火で4～5分煮る。小松菜を加えてまぜ、さらに3～4分煮る。（大庭）

レシピ313
とろみをつけて青菜のおいしさを閉じ込めて

小松菜ととうふのうま煮

材料（4人分）
小松菜½束　木綿どうふ1丁　干ししいたけ2枚　A（しょうゆ、みりん各大さじ2、砂糖小さじ1、塩少々）　B（かたくり粉大さじ1　水大さじ1½）

作り方
❶干ししいたけは水2カップにつけてもどし、軸を除いて薄切りにする。もどし汁はとっておく。小松菜は3～4cm長さに切る。とうふは3cm角で1cm厚さに切る。
❷なべにしいたけのもどし汁とAを合わせ、しいたけを入れて煮立て、とうふを入れる。アクが出たら除き、弱火で2～3分煮る。
❸Bの水どきかたくり粉でとろみをつけ、小松菜を加え、しんなりしたら火を止める。（重信）

トマト

加熱すると甘みが増すので、いため物や煮物でさらにおいしさを引き出しましょう。

レシピ **314**

かむと口の中にトマトの果汁がジュワッ

トマトのチーズ巻きフライ

材料（4人分）
トマト（小）４個　豚もも薄切り肉16枚　スライスチーズ４枚　A（マヨネーズ大さじ４　粒マスタード、しょうゆ各大さじ１）　塩、こしょう各少々　小麦粉、とき卵、パン粉、揚げ油各適量

作り方

1. トマトはへたと上部を少し切り落とし、横半分に切る。豚肉は広げて塩、こしょうを振って下味をつける。
2. ①の肉２枚を少し重ねて半分に切ったスライスチーズとトマトをのせ、手前から巻く。小麦粉、とき卵、パン粉の順に衣をつけ、180度に熱した揚げ油で３分くらい揚げる。
3. あればベビーリーフなどの生野菜を添え、Aをまぜたソースをつける。（夏梅）

152円　献立ヒント　レシピ384＋レシピ534

35円　献立ヒント　レシピ374＋レシピ515

レシピ **315**

トマトのほどよい酸味でさっぱり煮物

厚揚げのトマト煮

材料（4人分）
トマト（大）２個　厚揚げ２枚　玉ねぎ¼個　A（塩、顆粒スープのもと各小さじ½　こしょう少々）　オリーブ油大さじ２

作り方

1. 厚揚げは熱湯を回しかけて油抜きし、食べやすい大きさにちぎる。トマトは一口大よりやや大きめに切り、玉ねぎは薄切りにする。
2. なべにオリーブ油を熱して玉ねぎを入れ、しんなりするまでいためる。厚揚げを加えて軽くいため、トマトを加えていためる。
3. Aを加えてまぜ、トマトが少しくずれたら火を止める。（重信）

レシピ316

そぼろでいつものサラダを豪華に

トマトのひき肉ソース

材料（4人分）
トマト２個　合いびき肉80～100g　青じそ５枚　にんにく1かけ　ねぎ¼本　A（しょうゆ、酢各大さじ1　塩、こしょう各少々）　サラダ油大さじ½

作り方
①トマトは7～8mm厚さの輪切りにし、皿に並べる。
②青じそはせん切りにして水けをきる。
③にんにく、ねぎはみじん切りにする。
④フライパンにサラダ油を熱し、にんにく、ねぎ、ひき肉の順にいためる。肉がポロポロになったら、Aを加えて調味し、熱いうちに①にかけ、②をのせる。（今泉）

レシピ318

ねぎとじゃこの香ばしさをトマトにプラス

トマトとねぎ、じゃこのいため物

材料（4人分）
トマト（小）２個　ねぎ1本　ちりめんじゃこ40g　にんにく1かけ　A（酒大さじ1　しょうゆ大さじ½　こしょう少々）　サラダ油大さじ1

作り方
①トマトはくし形に切る。
②ねぎは8mm幅の斜め切りにする。にんにくは薄切りにする。
③中華なべを熱してサラダ油を入れ、にんにく、じゃこを弱火でいためる。香りが立ったらねぎを加えてしんなりするまでいためる。
④トマトを加えて強火でさっといため、Aで調味する。（枝元）

レシピ317

いためたミニトマトにうまみが凝縮！

トマトとポテトのスタミナ焼き

材料（4人分）
ミニトマト１パック（300g）　鶏胸肉１枚　じゃがいも１個　にんにく1かけ　赤とうがらし１本　A（塩小さじ⅓　こしょう少々）　塩、こしょう各少々　オリーブ油大さじ２

作り方
①トマトはへたをとる。にんにくは縦半分に切って包丁の腹でつぶす。赤とうがらしはぬるま湯につけてもどし、小口切りにする。
②鶏肉は一口大に切り、塩、こしょうを振る。
③じゃがいもは1cm角の棒状に切る。水に２分さらして水けをふく。
④フライパンにオリーブ油大さじ1とにんにくを入れて中火で香りが立つまでいため、赤とうがらしと②を入れて１～２分いためる。
⑤③を加え、オリーブ油大さじ1を足してAで調味し、じゃがいもに焼き色がつくまで5～6分いためる。
⑥トマトを加え、皮が少し裂けてくるまでいためて火を止める。（夏梅）

レシピ 319 肉だねは粘るくらいにまぜるのがコツ

韓国風のなすの肉詰め

102円

献立ヒント レシピ 280 + レシピ 530

なす

淡泊でどんな調理にも合いますが、なかでも油と相性抜群。いため物や揚げ物にどうぞ。

材料（4人分）
なす（小）4個　鶏ひき肉50g　青じそ8枚　ねぎ4cm　A（しょうゆ大さじ2　みりん大さじ1　ねぎ、にんにくのみじん切り各少々　七味とうがらし小さじ⅕）　塩、かたくり粉各少々

作り方
❶なすは縦半分に深く切り込みを入れる。
❷青じそはみじん切り、ねぎは白髪ねぎにする。Aは合わせておく。
❸ひき肉に塩、かたくり粉、青じそを入れ、粘りが出るまでよくまぜ合わせる。
❹①の切り込みにかたくり粉小さじ⅕（分量外）を軽くまぶし、その中に③のたねを等分にして詰める。耐熱皿に並べてラップをかけ、電子レンジで約4分加熱する。
❺器に盛り、白髪ねぎをのせ、Aをかける。（上村）

レシピ 320

「麻婆なす」と「麻婆はるさめ」を一品に

麻婆はるさめなす

材料（4人分）
なす2個　豚ひき肉240g　はるさめ40g　にんにく、しょうが各1かけ　ねぎ½本　豆板醤小さじ1～4　A（鶏がらスープのもと、酒、みりん各大さじ1　しょうゆ大さじ2　水3カップ）　B（かたくり粉大さじ2　水大さじ4）　ごま油大さじ1

作り方
❶なすはへたをとり、縦半分に切って薄切りにする。はるさめははさみで食べやすい長さに切り、さっとゆでる。
❷にんにく、しょうがはみじん切りに、ねぎは小口切りにする。
❸フライパンにごま油を熱し、②をいためる。ひき肉を加えてポロポロになるまでいため、なす、豆板醤を加える。はるさめとAを加えて煮立てる。
❹10分煮て、Bの水どきかたくり粉を加えて手早くまぜ、とろみをつける。（森）

67円

献立ヒント レシピ 281 + レシピ 524

レシピ322 じっくり煮込んでラタトゥイユ風に

なすのトマト煮込み

材料（4人分）
なす4個　ベーコン6枚　玉ねぎ1個　にんにく1かけ　トマト水煮缶（カット）1缶　固形スープ2個　塩、こしょう各少々　オリーブ油大さじ1

作り方
❶なすはへたをとり、1cm厚さの輪切りにして水にさらす。ベーコンは4cm幅に切る。玉ねぎはくし形切りに、にんにくは薄切りにする。
❷なべにオリーブ油を熱してにんにく、ベーコン、なすをいためる。玉ねぎを加えてしんなりするまでいため、トマト、固形スープ、水2カップを加えて煮立てる。
❸15分煮て塩、こしょうで味をととのえる。あればパセリのみじん切りを散らす。（森）

レシピ321 スパイシーな辛さでごはんが進む

なすと合いびき肉のカレーいため

材料（4人分）
なす3個　合いびき肉100g　玉ねぎ½個　A（カレー粉大さじ⅔　トマトケチャップ、ウスターソース各大さじ1½）　塩、こしょう各少々　サラダ油大さじ1½

作り方
❶なすはへたをとり、1cm角に切って水にさらし、水けをきる。玉ねぎはあらみじんに切る。
❷フライパンにサラダ油を熱し、①を中火でゆっくりいためる。火が通ったらひき肉を加えてポロポロになるまでいため合わせる。
❸②にAの調味料を順に加えてまぜ、塩、こしょうで味をととのえる。（樋口）

レシピ323
しょうが風味のあんをトロリとかけて

焼きなすの肉みそかけ

材料（4人分）
なす8個　鶏ひき肉100g　おろししょうが少々　酒大さじ2　A（赤みそ80g　砂糖大さじ5　酒大さじ2　だし、みりん各大さじ1）　サラダ油大さじ2

作り方
❶なすはへたを除いて縦半分に切り、皮に細かく切り目を入れる。
❷小なべにひき肉を入れ、酒をまぜて中火にかけ、ポロポロになるまでいり煮にして、いったんとり出す。
❸なべを洗い、Aを入れて弱火にかけ、木べらなどでねる。とろりとしたら、②を戻し入れてまぜる。
❹フライパンにサラダ油を熱し、①を並べ、両面をこんがりと焼いて器にとり、③をかけて、おろししょうがを添える。（滝沢）

レシピ324

じゃがいもを使った定番和風おかず

肉じゃが

119円

献立ヒント　レシピ448＋レシピ532

じゃがいも

味つけや調理法を選ばないうえ、値段も手ごろ。家庭の代表的な常備野菜のひとつです。

材料（4人分）
じゃがいも4個　牛薄切り肉200g　玉ねぎ1個　にんじん½本　しらたき150g　グリンピース30g　だし1¾カップ　酒大さじ2　砂糖、しょうゆ各大さじ4　塩小さじ⅔　サラダ油大さじ1

作り方

1. じゃがいもは皮をむいて一口大に切って水にさらし、水けをきる。牛肉は一口大、玉ねぎはくし形、にんじんは乱切りにする。しらたきはさっとゆでて食べやすく切る。
2. なべにサラダ油を熱し、玉ねぎをいため、じゃがいも、にんじん、牛肉の順に加えていため合わせる。
3. しらたき、だしを加え、煮立ったらアクをとり、酒、砂糖を加えて蓋をし、10分煮る。
4. しょうゆ、塩を加え、さらに野菜がやわらかくなるまで煮る。最後にグリンピースを加えてさっと煮る。（岩﨑）

レシピ325

材料を切って重ねたあとは、なべにおまかせ

ポテトとベーコンのトマト重ね煮

材料（4人分）
じゃがいも4個　ベーコン4枚　トマト1個　玉ねぎ1個　固形スープ（チキン）1個　酒大さじ1　塩、黒こしょう各少々

作り方

1. じゃがいもは皮をむいて薄切りにし、水にさらして、水けをきる。玉ねぎは薄切り、トマトは1cm角、ベーコンは1cm幅に切る。
2. なべにじゃがいも、玉ねぎ、トマト、ベーコンの順に半量ずつ2回重ね、水1カップ、固形スープ、酒を加えて蓋をし、弱火で20分ほど煮る。味をみて塩を加え、黒こしょうを振る。（今泉）

57円

献立ヒント　レシピ110＋レシピ371

レシピ **326** ザーサイのほどよい塩けが味の決め手に

じゃがいもと豚こまのザーサイきんぴら

材料（4人分）
じゃがいも（大）2個　豚こまぎれ肉200g　ザーサイ（味つき）40g　A（塩、こしょう各少々　酒大さじ1）　B（しょうゆ、酒各大さじ1）　七味とうがらし少々　サラダ油大さじ1½

作り方
❶じゃがいもは皮をむいてせん切りにし、水にさらし、水けをきる。ザーサイはせん切りにする。
❷豚肉はAをからめる。
❸フライパンにサラダ油を熱し、②をいためる。色が変わったらじゃがいもを加えていため、ザーサイ、Bを加えてさっといためる。器に盛り、七味とうがらしを振る。（今泉）

レシピ **327** ツナは缶汁ごと使ってコクを出します

ツナじゃが

材料（2人分）
じゃがいも2個　ツナ缶（小）½缶　おろしにんにく½かけ分　固形スープ½個　しょうゆ小さじ1　塩、こしょう各少々

作り方
❶じゃがいもは皮をむいて薄めの輪切りにし、水1カップを加えて5分ほど煮る。
❷ツナににんにくを加えてから缶汁ごと①に入れ、くずした固形スープ、しょうゆ、塩、こしょうを加えて味をととのえ、じゃがいもがやわらかくなるまで煮る。（池上）

レシピ **328**

電子レンジ利用で煮る時間をグンと短縮

鶏じゃが

材料（4人分）
じゃがいも4個　鶏もも肉1枚　A（酒、しょうゆ各大さじ2　水1カップ　砂糖大さじ1）　ねぎの小口切り½本分　サラダ油大さじ1

作り方
❶じゃがいもは皮つきのまま1個ずつペーパータオルで包み、水でぬらして軽く水けをしぼる。ラップで包み、電子レンジで9分30秒加熱する。皮をむいて、半分に切る。
❷鶏肉は一口大に切る。
❸なべにサラダ油を熱し、中火で②を焼きつけ、こんがりとしてきたらAを加える。煮立ったらアクをとり、①を加えてときどきまぜながら7〜8分煮る。
❹じゃがいもに味がなじんだら、ねぎを加えてまぜ、火を止めて器に盛る。（検見﨑）

レタス

冷蔵庫に残りがちですが、いためればかさが減って使いきり。見切り品を見つけたらぜひ。

レシピ 329

シャキッといためたレタスの歯ごたえが新鮮

レタスと牛こまのオイスターソースいため

材料（4人分）
レタス½個　牛こまぎれ肉200g　A（オイスターソース大さじ1　しょうゆ大さじ½　こしょう少々）　サラダ油大さじ1

作り方
❶レタスは洗って一口大にちぎる。ふきんで包み、上下に振って水けをしっかりきる。
❷フライパンにサラダ油を熱し、強火で牛肉をいため、色が変わったらAを加えていため合わせる。
❸全体に味がなじんだらレタスを加え、手早くいため合わせる。（検見﨑）

レシピ 331

豆板醤入りの甘辛味がレタスによくなじむ

レタスとひき肉の辛みそいため

材料（4人分）
レタス½個　豚ひき肉150g　ピーマン1個　A（豆板醤小さじ1　酒、砂糖各大さじ1　みそ大さじ1½）　B（かたくり粉大さじ1　水大さじ1½）　サラダ油大さじ1

作り方
❶レタスは食べやすい大きさにちぎる。ピーマンは縦半分に切ってへたと種をとり、細切りにする。
❷フライパンにサラダ油を熱してひき肉をほぐしながらいため、ポロポロになったらAで調味する。
❸ピーマン、レタスの順に加えて強火でいため、レタスがしんなりしたらBの水どきかたくり粉でとろみをつける。（夏梅）

レシピ 330

レタスを丸ごと1個使ってメイン級おかずに

レタスと卵のオイスターソースいため

材料（4人分）
レタス1個　ねぎ½本　豚ひき肉200g　卵2個　塩、こしょう各少々　オイスターソース大さじ2½　サラダ油大さじ1

作り方
❶レタスは大きめのざく切りにし、ねぎは斜め薄切りにする。
❷フライパンにサラダ油を熱し、強火でひき肉をいため、塩、こしょうを振り、火が通ったらオイスターソースを加える。
❸ねぎを入れて大きく2〜3回まぜ、レタスを加えて強火のまま2分ほどいためる。
❹ときほぐした卵を回し入れ、大きくまぜて火を止める。（夏梅）

チンゲンサイ

アクが少なく、下ゆでなしで調理できます。価格が年中安定しているのもうれしいところ。

レシピ 332 葉と軸は時間差で煮るのがポイント

チンゲンサイと鶏肉の煮物

材料（4人分）
チンゲンサイ2株　鶏胸肉（小）1枚　ねぎ½本　酒、塩、かたくり粉各適量　A（砂糖大さじ½　酒小さじ2　塩小さじ¼　だし1½カップ　しょうゆ大さじ1）　しょうが汁小さじ1

作り方
❶チンゲンサイは4cm長さに切り、軸の部分は6等分のくし形に切り、軸と葉に分けておく。ねぎは斜め薄切りにする。
❷鶏肉は一口大に切り、酒、塩、かたくり粉をまぶす。
❸なべにAを煮立て、②を加えて2分ほど煮てアクをとる。
❹チンゲンサイの軸とねぎを加えて蓋をし、弱めの中火で6〜7分煮る。仕上げにチンゲンサイの葉を加えてさっと煮て、しょうが汁を加える。（小林）

レシピ 334 いためる前に水にさらして歯ごたえを残して

チンゲンサイと豚肉の塩いため

材料（4人分）
チンゲンサイ3株　豚こまぎれ肉200g　A（酒大さじ1　かたくり粉小さじ⅓）　にんにくのみじん切り小さじ2　B（鶏がらスープのもと小さじ1　塩小さじ1弱）　サラダ油大さじ1　ごま油小さじ2

作り方
❶チンゲンサイは根元を落として4cm長さに切る。葉と軸に分けて水に10分さらし、水けをきる。
❷豚肉はAをまぶして下味をつける。
❸フライパンにサラダ油を熱し、②を加えていため、色が変わったらにんにくを加えていため合わせる。
❹Bとチンゲンサイの軸を加えていため、蓋をして1〜2分加熱して火を通す。チンゲンサイの葉を加えてさっといため合わせ、仕上げにごま油を回しかける。（小林）

レシピ 333 シンプル塩味であっさり、うまみはたっぷり

チンゲンサイとひき肉の油いため

材料（4人分）
チンゲンサイ6株　豚ひき肉50g　塩、こしょう各少々　サラダ油大さじ1

作り方
❶チンゲンサイは1枚ずつはがし、葉と軸に切り分ける。軸の太いものは縦半分に切る。
❷サラダ油を熱し、ひき肉をほぐしながらいためる。火が通ったら、チンゲンサイの軸、葉の順に加えていため合わせ、塩、こしょうで味をととのえる。（池上）

玉ねぎ

玉ねぎをおかずのメインにするなら、火を通して甘みを味わうおかずがベストです。

レシピ**335**

玉ねぎをじっくり加熱して甘みを引き出す

ふろふき玉ねぎ

材料（4人分）
玉ねぎ４個　鶏ひき肉80g　A（だし３カップ　みりん大さじ$2\frac{1}{2}$　薄口しょうゆ大さじ１）　B（みそ80g　砂糖大さじ4　酒大さじ２　みりん大さじ1）

作り方

❶玉ねぎは上下を薄く切り落としてすわりをよくし、耐熱容器に並べる。
❷①にまぜ合わせたAをまんべんなくかけ、ラップをかけて、玉ねぎがやわらかくなるまで電子レンジで 25～30 分加熱する。
❸なべにひき肉、Bを入れて中火にかけ、肉に火が通りトロリとするまでよくねりまぜる。
❹あつあつの②を汁ごと器に盛り、③をたっぷりかける。（今泉）

レシピ**337**　カレー味を玉ねぎにしっかりしみ込ませて

玉ねぎ、豚肉、じゃがいものカレー煮

材料（4人分）
玉ねぎ、じゃがいも各2個、豚こまぎれ肉250g　カレールー 30g　しょうゆ大さじ1　サラダ油小さじ2

作り方

❶玉ねぎは大きめの一口大に切る。じゃがいもは皮をむいて大きめの乱切りにする。
❷なべを中火にかけてサラダ油を熱し、豚肉をいためる。肉の色が変わったら①を加えて１分ほどいため、水１カップを加えて蓋をし、じゃがいもがやわらかくなるまで煮る。
❸仕上げに砕いたカレールーを加え、しょうゆで味をととのえる。（上田）

レシピ**336**　ゴロゴロとした大きさの具で食べごたえ十分

玉ねぎとじゃがいものくしカツ風

材料（4人分）
玉ねぎ１個　じゃがいも（大）２個　A（小麦粉、とき卵、パン粉各適量）　揚げ油適量

作り方

❶玉ねぎは上下を切り落とし、８つ割りにする。じゃがいもは洗って、ぬれたままポリ袋に入れて電子レンジで５分加熱し、皮つきのまま8つ割りにする。
❷①にそれぞれAを順につけ、じゃがいも、玉ねぎ、じゃがいもの順に竹ぐしに刺す。
❸ 170 度の揚げ油で、②をカラッときつね色に揚げる。器に盛り、あればパセリを添える。好みでウスターソースをつける。（伊藤）

ほろ苦さが苦手な人も、甘辛味にしたり、まろやかなとうふやチーズを組み合わせればOK。

ピーマン

レシピ 338

肉はそのまま、野菜はザクザク切るだけ

ラク早チンジャオロースー

材料（4人分）
ピーマン8個　豚こまぎれ肉200g　エリンギ大2本　にんにく、しょうがのみじん切り各小さじ2　A（塩、こしょう各少々　小麦粉、酒各小さじ2　サラダ油小さじ1）　しょうゆ、オイスターソース各大さじ1　ごま油大さじ2

作り方
①豚肉はAをまぶして下味をつける。
②ピーマンは縦半分に切って、種とへたを除き、斜め1cm幅に切る。エリンギは長さを半分に切り、1cm幅の短冊切りにする。
③フライパンにごま油を熱し、にんにくとしょうがを弱火で軽くいためて香りを出す。中火にして①を加えて、いためる。肉に火が通ったら②を加えてしんなりするまでいため合わせ、しょうゆ、オイスターソースを加え、強火で味をからめる。（瀬尾）

レシピ 340

ピーマンに詰めたチーズがトロ〜リ

ピーマン肉巻き揚げ

材料（4人分）
ピーマン4個　豚薄切り肉8枚　スライスチーズ8枚　塩、こしょう各少々　衣（小麦粉、とき卵、パン粉各適量）　揚げ油適量

作り方
①ピーマンは4つ割りにして種とへたをとる。スライスチーズは半分に切る。豚肉は半分に切り、塩、こしょうを振る。
②スライスチーズをくるくる巻いてピーマンの内側のみぞに詰め、豚肉を巻きつける。
③衣を順につけ、中温に熱した揚げ油でこんがりと揚げる。（森）

レシピ 339

ふわふわのとうふにツナでコクをアップ

ピーマンのとうふオーブン焼き

材料（4人分）
ピーマン4個　木綿どうふ1丁　ツナ缶（小）1缶　にんにく1かけ　塩、こしょう各少々　粉チーズ、パン粉各大さじ4

作り方
①ピーマンは種とへたを残すように回しながらそぎ切りにする。にんにくはすりおろす。
②とうふは水きりをしてつぶし、塩、こしょう、にんにくを加えてまぜる。
③耐熱皿にピーマンと②を入れ、缶汁をきったツナを散らし、粉チーズ、パン粉を振る。
④オーブントースターで10分焼く。途中、焦げそうならアルミホイルでおおう。（森）

にんじん

いため物、揚げ物、あえ物と使い勝手が抜群。常備野菜の定番なのも納得の幅の広さです。

レシピ341　にんじんとセロリ、2つの香りが絶妙に合う

にんじんとセロリのかき揚げ

材料（4人分）

にんじん1本　セロリ½本　セロリの葉5〜6枚　A（天ぷら粉、水各⅓カップ　塩小さじ¼）　揚げ油適量

作り方

❶にんじん、セロリは4cm長さのせん切りにする。
❷ボウルにAをまぜ合わせて衣を作る。セロリの葉をこまかくちぎって入れ、①も入れてさっくりとまぜる。
❸揚げ油を160度に熱し、②を⅛量ずつ入れ、さっと広げてから軽くまとめ、からりと揚げる。（脇）

レシピ342　油となじみのいいにんじんはいため物にも◎

にんじんと豚肉のきんぴら

材料（2人分）

にんじん1本　豚薄切り肉80g　油揚げ½枚　いり白ごま大さじ1　赤とうがらし1本　だし½カップ　A（しょうゆ大さじ1⅔　砂糖大さじ1）　サラダ油小さじ2　ごま油小さじ1

作り方

❶にんじんは皮をむいて、4cm長さの少し太めのせん切りにする。
❷豚肉は7〜8mm幅に切り、油揚げは太めのせん切りにする。
❸なべにサラダ油、ごま油を熱して①と豚肉をいため、種をとった赤とうがらし、だし、油揚げを加えて弱火で煮る。Aを加えて、汁けがなくなるまでいり煮にし、ごまを振る。（田口）

レシピ343　とうふのかわりに厚揚げを使えば水きり不要

にんじんと厚揚げの白あえ

材料（4人分）

にんじん（小）1本　厚揚げ1枚　A（だし⅔カップ　みりん、薄口しょうゆ各大さじ½）　B（みそ小さじ2　ねり白ごま大さじ1½　砂糖小さじ1　薄口しょうゆ大さじ1　塩少々）　いり黒ごま少々

作り方

❶厚揚げは揚げた部分ととうふの部分に切り分ける。
❷にんじんと、厚揚げの揚げた部分は細切りにする。
❸なべにAを入れて火にかけ、煮立ってきたら②を入れ、にんじんがやわらかくなるまで煮る。
❹厚揚げの白いとうふの部分は、フォークの背でつぶす。
❺まぜ合わせたBで、③、④をあえ、器に盛ってごまを振る。（田口）

かぼちゃ

ほんのりとした甘みと、やわらかい食感で、和も洋もやさしい味わいに仕上がります。

レシピ346

市販のミートソースが具&味つけに

かぼちゃのミートソース煮

60円　献立ヒント　レシピ110＋レシピ515

材料（4人分）
かぼちゃ400g（約¼個）　固形スープ1個　ミートソース（レトルトか缶詰め）1カップ

作り方
❶かぼちゃは種を除いて一口大に切り、耐熱ボウルに入れて水½カップを注ぐ。
❷固形スープを指でつぶして加え、ミートソースを広げるようにしてかける。
❸ラップをかけて、電子レンジで12分加熱する。
❹とり出して全体をさっとまぜ、器に移す。（伊藤）

50円　献立ヒント　レシピ14＋レシピ424

レシピ344

つぶしたかぼちゃで一口大のミニコロッケ

かぼちゃのだんごフライ

材料（4人分）
かぼちゃ¼個　プロセスチーズ（1cm角）8〜12個　衣（小麦粉、とき卵、パン粉各適量）　塩、こしょう各少々　揚げ油適量

作り方
❶かぼちゃは種とわたをとってラップで包み、電子レンジで約6分加熱する。
❷熱いうちに皮をむいてつぶし、塩、こしょうを振って、8〜12等分にしてチーズを芯に丸める。
❸②に衣を順につけ、170度の揚げ油できつね色に揚げる。

30円　献立ヒント　レシピ137＋レシピ381

レシピ345

なべいらず！　電子レンジで手軽に作れる

かぼちゃとちくわの煮物

材料（4人分）
かぼちゃ（わたと種を除く）200g　ちくわ(小)3本　ねぎ½本　A(だし½カップ　みりん大さじ2　しょうゆ、酒各大さじ1)

作り方
❶かぼちゃは皮つきのまま3cm角に切る。
❷ちくわは薄い輪切りにする。ねぎは2〜3本の切り目を入れて3cm長さの短冊切りにする。
❸Aは合わせておく。
❹18cmの耐熱性のボウルのまん中にちくわを入れ、そのまわりに①を並べて、ねぎをのせる。③を回し入れ、落としラップをして電子レンジで6分加熱する。（伊藤）

さつまいも

意外と肉との相性がいいから、中華風のいため物や洋風の煮物などいろいろ使えます。

レシピ347 まろやかなめんつゆで簡単味つけ

さつまいもと鶏肉の煮物

材料（2人分）
さつまいも150g　鶏もも肉200g　めんつゆ（3倍濃縮タイプ）大さじ2　砂糖大さじ$\frac{2}{3}$～1　サラダ油小さじ2

作り方

❶さつまいもは皮つきのまま一口大の乱切りにして水にさらし、アクを抜いて水けをきる。

❷鶏肉は一口大の角切りにする。

❸なべにサラダ油を熱して鶏肉をいため、肉の色が変わったら①を加えていため合わせる。

❹③に水$1\frac{1}{2}$～2カップを加え、落とし蓋をして強火で煮、煮立ったら火を弱めて12～13分下煮する。アクはとり除く。

❺砂糖とめんつゆを④に加えて、ときどき上下を返して、煮汁が$\frac{1}{2}$量になるまで煮込む。（田口）

レシピ348 いもが持つ甘みと塩味が絶妙にマッチ

さつまいもとカリカリ豚の塩いため

材料（4人分）
さつまいも2本　豚バラ薄切り肉200g　にんにく2かけ　塩、あらびき黒こしょう各少々

作り方

❶さつまいもは1本ずつペーパータオルで包んで水にぬらし、ラップで包み、電子レンジで8分加熱する。あら熱がとれたら1.5～2㎝厚さに切る。にんにくは縦半分に切る。

❷フライパンを中火にかけ豚肉をいため、肉の脂がとけ始めたら①を加え、全体がこんがりとするまでいためて、塩、こしょうを振る。（検見﨑）

レシピ349 ねぎとしらす入り、衣は削り節で和テイスト

さつまいもの和風コロッケ

材料（4人分）
さつまいも2本　万能ねぎ$\frac{1}{3}$束　しらす干し30g　小麦粉、とき卵各適量　削り節15g　塩、こしょう各少々　揚げ油適量

作り方

❶さつまいもは皮をむいて乱切りにし、やわらかくゆでて粉ふきにする。塩、こしょうを振り、熱いうちにつぶし、小口切りにした万能ねぎ、しらす干しをまぜる。

❷①を8等分にして俵形にととのえ、小麦粉、とき卵を順につけて削り節をまぶす。

❸170～180度の揚げ油でカラリと揚げる。器に盛り、あればせん切りの大根、にんじん、きゅうりをまぜて添える。（滝沢）

長いも

生で食べるのもおいしいですが、加熱したときのホクホクとした食感も格別です。

352

長いもとバターしょうゆの相性はぴったり

長いもと豚肉のバターしょうゆいため

102円 献立ヒント レシピ394+レシピ520

材料（4人分）
長いも400g　豚こまぎれ肉300g　万能ねぎの小口切り適量　しょうゆ大さじ$1\frac{1}{2}$　バター、酒各大さじ1　塩、こしょう各少々

作り方
❶長いもは皮をむき、7～8㎜厚さの輪切りにする。豚肉は塩、こしょうを振る。
❷フライパンにバターを熱し、豚肉を強火でいためる。肉の色が変わってきたら、酒を振り、全体に火を通す。長いもを入れてざっといためたら、しょうゆをなべ肌から加えてからめ、器に盛り、万能ねぎを散らす。（栗山）

77円 献立ヒント レシピ128+レシピ516

レシピ350　肉に火が通っていたら、いもは生でもOK

長いもの肉巻き

材料（4人分）
長いも200g　豚もも薄切り肉8枚　塩、あらびき黒こしょう各適量　サラダ油大さじ1

作り方
❶長いもは皮をむき、3×5㎝くらいの厚めの短冊形に切り（16枚用意する）、酢水につけて5分ほどおいて、水けをきる。
❷豚肉は長さを半分に切り、①を1枚のせ、手前からしっかり巻いて塩、こしょうを振る。
❸フライパンにサラダ油を中火で熱し、②を巻き終わりを下にして並べ、焼けたら裏返して両面を焼く。（上田）

65円 献立ヒント レシピ303+レシピ401

レシピ351　長いもはたたいて歯ごたえを残して

長いもとひき肉のレンジ蒸し

材料（4人分）
長いも150g　豚ひき肉200g　にら$\frac{1}{2}$束　塩小さじ$\frac{1}{2}$

作り方
❶長いもは皮をむいてポリ袋に入れ、めん棒などであらくつぶす。にらは小口切りにする
❷ボウルにひき肉、にら、塩を入れてよくねり、長いもを入れてまぜ合わせる。
❸平らな耐熱容器に②を入れて広げ、ラップをして電子レンジで6分ほど加熱する。食べやすい大きさに割って、器に盛る。（上田）

65円
献立ヒント　レシピ192＋レシピ468

レシピ354　乱切りれんこんにみそだれがよくなじむ

れんこんと豚こまの和風みそいため

材料（4人分）
れんこん250g　豚こまぎれ肉200g　A（みそ、砂糖各大さじ3　酒大さじ2）　ごま油大さじ1

作り方
❶ボウルにAを入れ、まぜ合わせておく。
❷れんこんは小さめの乱切りにする。
❸フライパンにごま油を熱し、強火で豚肉をいため、火が通ったら②を加えてさらにいためる。
❹れんこんの周りが透き通ってきたら、①を加えていため合わせる。器に盛り、あれば、小口切りにした万能ねぎを散らす。（検見﨑）

63円
献立ヒント　レシピ384＋レシピ534

レシピ355　れんこんの穴に肉だねをたっぷり詰めて

れんこんのひき肉詰めフライ

材料（4人分）
れんこん1節　鶏ひき肉150g　しょうが1かけ　かたくり粉、しょうゆ各小さじ1　塩、こしょう各適量　A（小麦粉、とき卵、パン粉各適量）　揚げ油適量

作り方
❶れんこんは皮をむいて5㎜厚さに切り、酢水にさらす。
❷しょうがはすりおろし、ひき肉、かたくり粉、しょうゆ、塩、こしょうとともにまぜ、バターナイフなどを使ってれんこんの穴になすりつけるようにして詰める。
❸②にAを順につけ、170度に熱した揚げ油でこんがりと揚げる。好みでソースやトマトケチャップを添える。（森）

れんこん

さっと火を通せばサクサク、じっくり火を通すと少し粘りのある歯ざわりが楽しめます。

レシピ353　根菜とさつま揚げのうまみがたっぷり

れんこんとさつま揚げの煮物

85円
献立ヒント　レシピ409＋レシピ421

材料（4人分）
れんこん200g　さつま揚げ（小）4枚　にんじん$\frac{1}{2}$本　だし2カップ　A（酒大さじ3　砂糖、みりん、しょうゆ各大さじ2）

作り方
❶れんこんは厚めに皮をむき、一口大の乱切りにして酢水に3〜4分さらしてアク抜きし、さっと水洗いして水けをきる。
❷さつま揚げは熱湯をかけて油抜きし、4つに切る。にんじんは小さめの乱切りにする。
❸なべに①、②とだしを入れて火にかけ、沸騰したらAを加えて中火にし、途中で上下を返して全体に味をつけ、汁けがなくなるまで煮る。（鈴木）

ごぼう

食物繊維たっぷりなヘルシー食材。肉や油揚げなどでコクをプラスすれば、満足度もアップ。

レシピ 358

ベーコンと組み合わせた洋風おかず

ごぼうとベーコンのオリーブ油ソテー

36円　献立ヒント　レシピ119＋レシピ467

材料（4人分）
ごぼう（小）2本　ベーコン3枚　にんにく1かけ　A（酢小さじ1　塩、こしょう各少々）パセリのみじん切り少々　オリーブ油大さじ2

作り方
❶ごぼうは皮をこそげ、斜め薄切りにする。
❷ベーコンは6～7㎜幅の短冊切り、にんにくは薄切りにする。
❸フライパンにオリーブ油と②を入れて中火でいためる。にんにくの香りが立ったら①を入れて弱めの中火でゆっくりと、しんなりするまでいためる。
❹Aを加えて調味し、器に盛ってパセリを振る。（瀬尾）

53円　献立ヒント　レシピ187＋レシピ529

レシピ 356

ごぼうも肉も同じたれにつけて揚げるだけ

鶏ごぼうから揚げ

材料（4人分）
ごぼう1本　鶏胸肉（大）1枚　A（おろしにんにく、おろししょうが各大さじ½　しょうゆ、みりん各大さじ1½　塩小さじ⅓　ごま油大さじ½）小麦粉、かたくり粉各大さじ3　揚げ油、マヨネーズ各適量

作り方
❶ごぼうは皮をこそげて斜め薄切りにし、水にさらして水けをきる。鶏肉は一口大に切る。
❷ボウルにAを合わせ、①を加えてまぜ、30分ほどつける。
❸別のボウルに小麦粉とかたくり粉を合わせておく。
❹②をペーパータオルではさんで軽く水けをとり、③に加えて粉をまぶす。
❺揚げ油を170度に熱し、④の鶏肉を丸く形をととのえて入れる。ごぼうも加え、きつね色に揚げる。器に盛り、マヨネーズを添える。（小林）

44円　献立ヒント　レシピ402＋レシピ418

レシピ 357

ささがきにしたごぼうを卵でとじて柳川風に

ごぼうの卵とじ

材料（4人分）
ごぼう300g　卵4個　油揚げ2枚　だし2カップ　A（みりん大さじ3　砂糖大さじ½　薄口しょうゆ大さじ2）

作り方
❶ごぼうは皮をこそげて細いささがきにし、水に5分ほどさらす
❷油揚げは熱湯に入れて油抜きをし、縦半分にしてせん切りにする。
❸なべにだしを入れて煮立て、Aを加え、①、②を入れて煮る。再び煮立ったら、蓋をして弱火で10分ほど煮る。
❹③にときほぐした卵を流し入れ、あれば斜め薄切りのわけぎ（または、ねぎの青い部分でも）をのせて蓋をし、半熟状になるまで煮る。（大庭）

かぶ

生もおいしいけれど、口の中でとろけるような煮物も最高。栄養豊富な葉も使いましょう。

レシピ **359**

調理法も味つけもシンプルだから、即完成！

かぶと豚バラ肉の塩いため

50円　献立ヒント　レシピ177＋レシピ399

材料（4人分）
かぶ３個　かぶの葉３個分　豚バラ薄切り肉150g　にんにくのみじん切り小さじ１　酒大さじ１　塩小さじ１　A（酢小さじ1　塩小さじ½　こしょう適量）　サラダ油少々

作り方

❶かぶは皮をむいて６等分のくし形に切る。葉は4cm長さに切り、塩をまぶして５分おく。
❷豚肉は2cm幅に切る。
❸フライパンにサラダ油を熱し、②を加えていため、色が変わったら、かぶとにんにくを加えてさっといため、酒を振って蓋をし、弱めの中火で５分ほど蒸し焼きにする。
❹かぶに竹ぐしが通ったら、水けをしぼったかぶの葉を加えていため、Aで味をととのえる。（小林）

14円　献立ヒント　レシピ96＋レシピ373

レシピ **360**

かぶの皮はむかずに歯ごたえを残して

皮つきかぶと油揚げのシンプルいため

材料（4人分）
かぶ２個　かぶの葉２個分　油揚げ１枚　A（オイスターソース、しょうゆ各大さじ½）　サラダ油大さじ1　ごま油少々

作り方

❶かぶは皮つきのまま５、６等分にし、葉はみじん切りにする。油揚げは2cm幅の短冊切りにする。
❷フライパンにサラダ油を熱し、かぶと油揚げをいためる。かぶが歯ざわりが残る程度にいたまったら、かぶの葉、Aをなべ肌から回し入れてからめる。仕上げにごま油をたらす。（井澤）

38円　献立ヒント　レシピ90＋レシピ531

レシピ **361**

ゆでたてのかぶにごまをあえるだけ

かぶのごままぶし

材料（4人分）
かぶ３個　A（すり白ごま大さじ1　砂糖小さじ½　塩小さじ¼）

作り方

❶ボウルにAをまぜておく。
❷かぶは根元（茎）を3cmほど残して葉を切り落とし、皮をむいて４等分のくし形に切る。水につけて、つけ根の間にある汚れを竹ぐしなどで落とす。
❸なべにたっぷりの水と②を入れ、火にかけてゆでる。竹ぐしが通るようになったら、ざるに上げる。熱いうちに①を加えてあえる。（栗山）

「オムレツ」「トースター焼き」のような下ゆで不要のおかずも、覚えておくと役立ちます。

ブロッコリー

レシピ **364** かためにゆでしてからパパッといためる

ブロッコリーのオイスターソースいため

30円　献立ヒント レシピ91＋レシピ515

材料（4人分）
ブロッコリー1個　冷凍ホールコーン⅓カップ　A（オイスターソース大さじ1　酒大さじ2　砂糖、しょうゆ各小さじ1　中華スープ大さじ4）　B（かたくり粉小さじ1　水小さじ2）　サラダ油大さじ1

作り方
❶ブロッコリーは小房に分け、熱湯でかためにゆでる。
❷Aは合わせておく。
❸中華なべにサラダ油を熱し、①、コーンをさっといため、②を加えて調味する。仕上げにBの水どきかたくり粉でとろみをつける。（浦上）

37円　献立ヒント レシピ121＋レシピ424

レシピ **362** コロッとしたブロッコリーが食べごたえあり

ブロッコリーのオムレツ

材料（4人分）
ブロッコリー1個　卵6個　A（粉チーズ大さじ4　生クリーム<または牛乳>大さじ2　塩小さじ½　こしょう少々）　サラダ油大さじ2

作り方
❶ブロッコリーは小房に分けてゆで、水けをきり、一口の半分ほどの大きさに切る。
❷卵はときほぐし、Aと①を加えてまぜ合せる。
❸フライパンにサラダ油を熱し、②を流し入れて火を強め、大きくかきまぜる。周りが固まってきたら弱火にし、蓋をして3分ほど焼き、裏返してさらに4〜5分焼く。
❹切り分けて器に盛り、好みでトマトケチャップとウスターソースを半々に合わせたソースをかける。（大庭）

30円　献立ヒント レシピ31＋レシピ537

レシピ **363** カレー衣とあえてトースターで焼けば完成

ブロッコリーのカレーマヨネーズ焼き

材料（4人分）
ブロッコリー1個　A（粉チーズ大さじ1　マヨネーズ大さじ2　カレー粉小さじ1）

作り方
❶ブロッコリーは小房に分けてゆで、水けをきる。
❷ボウルにAをまぜ、①を加えてざっとまぜる。耐熱皿に並べ、予熱をしたオーブントースターで5分焼く。（栗山）

捨てずに食べきる！ 0円野菜おかず 2

献立ヒント レシピ196＋レシピ417

レシピ370
さつまいもの皮のかき揚げ
さつまいもの皮は3cm長さの細切りにし、桜えびと合わせて天ぷら衣につけて170度の揚げ油で揚げる。

献立ヒント レシピ186＋レシピ388

レシピ368
ブロッコリーの茎のフライ
ブロッコリーの茎は食べやすい大きさに切り、かためにゆでてフライ衣をつけ、揚げ油で揚げる。ウスターソース、トマトケチャップ各6：砂糖1の割合でまぜたソースをかける。

献立ヒント レシピ296＋レシピ383

レシピ365
大根の皮のきんぴら
大根の皮は6〜7cm長さに切る。フライパンにごま油を熱し、大根、桜えびを入れて軽くいためる。酒3：しょうゆ、みりん各1、塩少々の割合で調味する。

献立ヒント レシピ12＋レシピ416

レシピ371
白菜の芯のコンソメスープ
白菜の芯は2〜3cm幅に切る。なべにバターをとかし、白菜を軽くいためる。塩少々で調味したコンソメスープを注ぎ、3〜4分煮て器に盛り、黒こしょうを振る。

献立ヒント レシピ294＋レシピ400

レシピ366
大根の菜飯
大根の葉は塩ゆでにして冷水にとり、小口切りにして水けをしぼる。いり白ごま3：塩1の割合で調味してまぜ、軽く水けをしぼって、ごはんにまぜる。

献立ヒント レシピ314＋レシピ398

レシピ372
セロリの葉のふりかけ
セロリの葉は葉の部分だけつんで、耐熱皿にのせ、電子レンジでパリパリになるまで加熱する。手でくだいて、好みでのり、削り節、ゆかり、ごまなどをまぜる。

献立ヒント レシピ2＋レシピ529

レシピ369
キャベツの芯のピクルス
耐熱ボウルに酢、水各8：砂糖4：塩1の割合で入れてまぜ合わせ、電子レンジで一煮立ちするまで加熱する。熱いうちに薄切りにした芯をつけて冷ます。

献立ヒント レシピ194＋レシピ258

レシピ367
しいたけの軸のバターいため
しいたけの軸は2〜4つに裂く。フライパンにバターをとかしてしいたけをいため、しょうゆ、塩、こしょうで調味する。せん切りにした青じそを散らしてひといためする。

Part 7

もう１品ほしいときに、
調理法で迷わず選べる

小さなおかず

献立が決まらない、メインおかずのボリュームがもの足りない、
酒の肴がほしい、というときに便利な小さなおかずを調理法別にご紹介。
パパッと作れるサブおかずのレシピをどれくらい持っているかで、
料理の腕は決まります。メインとの組み合わせヒントも活用して。

- サラダ
- あえ物
- おひたし
- 酢の物
- マリネ
- 即席漬け
- 小さな煮物
- 小さないため物
- 常備菜

火を使わなくても手軽にできるサラダは、もう一品ほしいときに大活躍。定番のレタスやきゅうりに限らず、いろんな野菜で作れます。

サラダ

レシピ373 甘みのある野菜を粒マスタードで引きしめる

ゆでキャベツとにんじんのサラダ

材料（4人分）
キャベツ¼個　にんじん1本　A（オリーブ油、酢各大さじ3　粒マスタード小さじ2　塩小さじ½）

作り方
1 キャベツはざく切りに、にんじんはせん切りにする。
2 なべに湯を沸かし、にんじんをさっとゆで、キャベツもゆでる。
3 水けをきり、Aであえる。（森）

25円　献立ヒント レシピ77＋レシピ524

レシピ374 じゃこいための香ばしい油をジュッとかけて

レンジキャベツのカリカリじゃこのせ

材料（4人分）
キャベツ¼個　ちりめんじゃこ50g　しょうゆ小さじ1　ごま油大さじ2

作り方
1 キャベツは洗って細切りにし、水けを残したままポリ袋に入れて、電子レンジで約3分加熱する。あら熱がとれたら軽く水けをしぼり、器に盛る。
2 フライパンにごま油を熱し、じゃこをカリカリになるまでいため、しょうゆを回し入れて①に油ごとかける。（脇）

17円　献立ヒント レシピ76＋レシピ515

レシピ375 ちぎるだけでいい！　韓国風簡単サラダ

レタスとのりのサラダ

材料（4人分）
レタス½個　のり（大）1枚　A（ごま油大さじ4　しょうゆ大さじ3）

作り方
1 レタスは食べやすい大きさにちぎる。のりも同様にちぎる。
2 ①を合わせてAを回しかける。（森）

17円　献立ヒント レシピ114＋レシピ528

レシピ376 にんにくの香りが食欲をそそる

せん切り白菜サラダ

材料（4人分）
白菜2枚　ミニトマト80g　にんにくのあらみじん切り½かけ分　A（レモン汁½個分　塩小さじ½　こしょう少々）　オリーブ油大さじ2

作り方
1 白菜は繊維を切るように細切りにし、ボウルに入れておく。ミニトマトはへたをとり、4等分にする。
2 フライパンににんにくとオリーブ油を入れ、弱火で香りが立つまでいため、熱々のまま白菜にかけてまぜる。
3 ミニトマトとAをまぜ、白菜と合わせる。（夏梅）

24円　献立ヒント レシピ108＋レシピ534

レシピ **377** 野菜を塩もみすればたっぷり食べられる

なす、きゅうり、キャベツの和風サラダ

材料（4人分）
なす2～3個　きゅうり２本　キャベツ3～4枚　しょうが、青じそ、塩各適量

作り方
❶なす、きゅうりは縦半分に切って斜め薄切りにし、なすは水にさらして水けをきる。キャベツは2cm幅のざく切りにする。
❷①を合わせて重さをはかり、その2%くらいの塩を振りまぜ、皿2～3枚の重しをのせて、半日から1日おく。
❸②の水けをしぼって器に盛り、しょうが、青じそのせん切りをのせる。

45円　献立ヒント　レシピ4＋レシピ516

レシピ **378** 粘りのある食材を合わせてスタミナサラダに

オクラのねばねばサラダ

材料（4人分）
オクラ10本　鶏ささ身２本　長いも10cm　納豆２パック　めかぶ1カップ　酒大さじ1　しょうゆ少々

作り方
❶オクラはゆでてへたを除き、小口切りにする。長いもは皮をむいて酢水にさらし、水けをふいて5mm角に切る。
❷ささ身は2～3つに切って耐熱皿にのせて酒を振り、ラップをして電子レンジで4分加熱し、あらくほぐす。
❸①、②、納豆、めかぶをまぜ合わせ、しょうゆで味つけをする。器に盛り、あればみょうがの小口切りを散らす。（森）

79円　献立ヒント　レシピ139＋レシピ529

レシピ **379** 下味をつけたスライス玉ねぎがアクセント

トマトと玉ねぎのサラダ

材料（4人分）
トマト２個　玉ねぎ½個　A（おろしにんにく1かけ分　酢大さじ２　オリーブ油大さじ３　マヨネーズ大さじ1　塩小さじ⅔　こしょう少々）

作り方
❶玉ねぎは薄切りにする。ボウルにAをまぜ合わせ、玉ねぎを加えて５分おく。
❷トマトはへたをとり、ざく切りにする。
❸器に①を入れ、②を盛る。好みであらびき黒こしょうを振る。食べる直前にまぜ合わせる。（瀬尾）

58円　献立ヒント　レシピ112＋レシピ520

レシピ **380** 削り節をたっぷり加えてうまみアップ

トマトとオクラの梅おかかサラダ

材料（4人分）
トマト３個　オクラ８本　梅干し1個　A（削り節＜小＞1パック＜3g＞　酢大さじ1強　しょうゆ大さじ1　こしょう少々　サラダ油大さじ2）　塩少々

作り方
❶トマトは皮を湯むきし、くし形に切る。オクラは塩でもんでからさっとゆで、小口切りにする。
❷梅干しは種を除いて包丁でたたき、Aを加えてまぜ、①をあえる。器に盛り、好みで削り節をかける。（上村）

60円　献立ヒント　レシピ70＋レシピ530

レシピ **381** たらこのまろやか&リッチなドレッシング

きゅうりとたらこのサラダ

材料（4人分）
きゅうり２本　たらこ１腹　おろしにんにく少々　オリーブ油小さじ１～２　塩、こしょう各適量

作り方
❶きゅうりは乱切りにする。
❷たらこ、おろしにんにく、オリーブ油をまぜて、塩、こしょうで味をととのえてドレッシングを作り、①をあえる。（井澤）

33円　献立ヒント　レシピ22＋レシピ532

レシピ **382** 余ったそうめんでボリュームあるサラダに

きゅうりのそうめんサラダ

材料（4人分）
きゅうり２本　かに風味かまぼこ１パック　ホールコーン缶大さじ４　そうめん２束　マヨネーズ大さじ４　塩適量

作り方
❶きゅうりは斜め薄切りにしてからせん切りにし、塩少々を振ってしんなりさせて汁けをしぼる。
❷そうめんはゆでて流水で洗い、水けをきる。
❸かにかまは長さを半分に切ってあらくほぐし、コーンと①、②とともにマヨネーズであえ、塩で味をととのえる。（森）

64円　献立ヒント　レシピ82＋レシピ515

レシピ **383** ごま風味いっぱいのソースは青菜に最適

チンゲンサイのバンバンジーソース

材料（4人分）
チンゲンサイ２株　鶏ささ身３本　バンバンジーソース（市販品）⅓カップ　酒大さじ½　塩適量　サラダ油少々

作り方
❶チンゲンサイは塩、サラダ油を加えた熱湯で色よくゆでる。5cm長さに切り、さらに茎の部分は2cm幅に切る。
❷ささ身は耐熱皿に並べ、塩少々、酒を振り、ラップをかけて電子レンジで２分加熱し、手で細かく裂く。
❸器に①、②を盛り、バンバンジーソースをかける。（藤田）

30円　献立ヒント　レシピ23＋レシピ527

レシピ **384** カリカリ油揚げと水菜をさっぱり味で

水菜と焼き油揚げのサラダ

材料（4人分）
水菜１束　油揚げ２枚　A（しょうゆ、酢各大さじ１　サラダ油、オリーブ油各大さじ1½　塩、こしょう各少々）

作り方
❶水菜は5cm長さに切る。油揚げはオーブントースターで焼き、1cm幅に切る。
❷①を盛りつけ、食べる直前にAをまぜ合わせたものであえる。（平野）

31円　献立ヒント　レシピ36＋レシピ531

レシピ 385 焼き魚1切れで満足感のある小おかずに

塩鮭入りオニオンサラダ

材料（4人分）
玉ねぎ1個　塩鮭1切れ　A（酢、サラダ油各大さじ1　砂糖、しょうがのしぼり汁各小さじ1　塩少々）
万能ねぎの斜め切り、焼きのり各少々

作り方
❶玉ねぎは薄切りにして水にさらし、水けをきる。
❷塩鮭は焼いて、身をほぐす。
❸Aを合わせて①と②をあえる。器に盛って万能ねぎを散らし、ちぎった焼きのりをのせる。（フードアイ）

33円　献立ヒント　レシピ259＋レシピ366

レシピ 386 ドレッシングにごま油を加えてコク出し

玉ねぎのおかかサラダ

材料（2人分）
玉ねぎ½個　万能ねぎ1本　削り節2g　A（酢、しょうゆ、ごま油、すり白ごま各小さじ1　こしょう少々）

作り方
❶玉ねぎは薄切りにして水にさらし、水けをきる。
❷器に①を盛り、削り節と万能ねぎの小口切りを散らし、Aのドレッシングをかける。（上村）

12円　献立ヒント　レシピ107＋レシピ533

レシピ 387 ほくほくポテトにねぎ塩ソースがからむ

じゃがねぎサラダ

材料（4人分）
じゃがいも3個　万能ねぎの小口切り2本分　A（ごま油小さじ1　塩小さじ⅓）

作り方
❶じゃがいもは洗ってラップに包み、電子レンジで3分加熱し、上下を返してさらに2〜3分加熱する。
❷①をボウルに入れてフォークであらくくずし、万能ねぎとまぜ合わせたAを加えてあえる。（重信）

23円　献立ヒント　レシピ331＋レシピ524

レシピ 388 歯ごたえが残るようにさっとゆでるのがコツ

じゃがいものパセリドレッシングサラダ

材料（4人分）
じゃがいも2個　パセリのみじん切り大さじ1　A（酢、サラダ油各大さじ2　塩小さじ¼　こしょう少々）

作り方
❶じゃがいもは皮をむいてスライサーでせん切りにする。ボウルに入れて水がにごらなくなるまで洗い、ざるに上げる。
❷熱湯で①をさっとゆで、ざるに上げて湯をきる。冷水にとって冷まし、水けをきる。
❸パセリとAを合わせてまぜ、②を加えてあえる。（検見﨑）

12円　献立ヒント　レシピ322＋レシピ21

メインおかずに合わせて、素材だけでなく、「ごま」「梅肉」「納豆」
「大根おろし」など、あえ衣の組み合わせも楽しみましょう。

あえ物

レシピ389 同じなべの湯で野菜も油揚げもさっとゆでて

春キャベツと油揚げのごまあえ

材料（2人分）
春キャベツ（大きい葉のところ）2枚　油揚げ1枚　A（すり白ごま大さじ2　砂糖小さじ1　しょうゆ大さじ1）

作り方
1 キャベツはかたい芯をとり除き、食べやすい大きさに切る。油揚げは縦半分に切り、さらに8等分にする。
2 なべに湯を沸かし、キャベツ、油揚げの順にさっとゆで、水けをきっておく。
3 Aをまぜ合わせ、食べる直前に②を加えてあえる。（武蔵）

22円　献立ヒント　レシピ99＋レシピ535

レシピ390 セロリ１本さえあれば簡単に作れる！

セロリのごまあえ

材料（4人分）
セロリの茎１本分　A（すり白ごま大さじ3　砂糖大さじ1　しょうゆ大さじ１弱　酒大さじ½）

作り方
1 セロリの茎は斜め薄切りにし、熱湯でさっとゆでて水けをきる。
2 Aをまぜ合わせ、①をあえる。（浦上）

20円　献立ヒント　レシピ68＋レシピ532

レシピ391 繊維質たっぷりでおなかがすっきり

きのことにんじんのごまあえ

材料（4人分）
しめじ１パック　にんじん１本　A（すり白ごま、しょうゆ各大さじ２　砂糖小さじ１）

作り方
1 しめじは石づきを落とし、小房に分ける。にんじんは細い乱切りにする。
2 なべに湯を沸かし、にんじんを加えて煮立て、2〜3分したらしめじを加え、一煮立ちさせ、ざるに上げる。
3 Aをまぜ合わせ、②をあえる。（森）

32円　献立ヒント　レシピ100＋レシピ523

レシピ392 ごまとおかかがパプリカにマッチ

パプリカのごまあえ

材料（4人分）
パプリカ（赤）2個　削り節１パック（5g）　A（すり白ごま大さじ3　砂糖大さじ1　しょうゆ小さじ2）
塩少々

作り方
1 パプリカは４つ割りしにてへたと種をとり、薄切りにする。
2 塩を加えた熱湯で①を１分弱ほどゆでてざるに上げ、なべに戻して水けがなくなるまでからいりする。
3 Aを合わせて②をあえ、削り節をまぜる。（夏梅）

24円　献立ヒント　レシピ109＋レシピ520

レシピ 393 梅干しのすっぱさが大根の甘みを引き立てる

大根の梅しそあえ

材料（4人分）
大根⅛本　えのきだけ50g　酒大さじ1½　梅干し（大）1個　ごま油小さじ1　青じそ5枚

作り方
❶大根は薄いいちょう切りにする。えのきだけは根元を落として半分に切り、ほぐす。
❷①をなべに入れ、酒を振って中火にかけ、水分がなくなるまでいる。
❸梅干しは種をとってたたき、ごま油をまぜ、1cm角に切った青じそとともに器に盛った②の上にのせる。（夏梅）

15円　献立ヒント　レシピ97＋レシピ467

レシピ 394 小松菜の甘みと梅肉の酸味が絶妙バランス

小松菜の梅肉あえ

材料（4人分）
小松菜1束　A（梅肉大さじ2　しょうゆ小さじ½　みりん小さじ⅓　削り節1パック＜5g＞）

作り方
❶小松菜はゆでて水にとり、水けをしぼって、3～4cm長さに切る。
❷Aをまぜ合わせ、①をあえる。（藤井）

34円　献立ヒント　レシピ122＋レシピ534

レシピ 395 少量の豚肉で食べごたえのある小鉢に

豚肉とキャベツの梅あえ

材料（4人分）
キャベツ⅙個　豚肉（しゃぶしゃぶ用）100g　A（梅肉大さじ1～2　薄口しょうゆ、みりん、サラダ油各小さじ1）　しょうがのせん切り、塩各少々

作り方
❶キャベツは一口大にちぎり、軸は薄切りにして耐熱ボウルに入れてラップをし、電子レンジで3分加熱し、水けをきる。
❷豚肉は塩を加えた熱湯に入れ、弱火でゆでて水けをきり、あら熱がとれたら食べよくちぎる。
❸Aをまぜ合わせ、しょうがと①、②をあえる。（今泉）

27円　献立ヒント　レシピ152＋レシピ525

レシピ 396 シャキシャキした歯ざわりがやみつきに

もやしとにらの梅肉あえ

材料（4人分）
もやし1袋　にら½束　A（梅肉大さじ1　みりん、しょうゆ各少々）　塩、削り節各少々

作り方
❶にらは5cm長さに切り、もやしとともに塩ゆでにして水けをきる。
❷Aをまぜ合わせ、①をあえる。器に盛り、削り節をのせる。（フードアイ）

14円　献立ヒント　レシピ98＋レシピ530

レシピ **397** 葉までムダなく利用できるメニュー

せん切り大根のツナマヨあえ

材料（4人分）
大根¼本　大根の葉 50g　塩小さじ½　A（ツナ缶 80g　マヨネーズ大さじ3）

作り方
❶大根はスライサーでせん切りにし、葉もせん切りにする。
❷①に塩を振り、しんなりしたらよくもんでさっと水洗いし、かたく水けをしぼる。
❸Aをまぜ、②をあえる。（夏梅）

24円
献立ヒント　レシピ69＋レシピ515

レシピ **398** ブロッコリーはやわらかくゆでると甘みが増す

ブロッコリーとかにかまのマヨあえ

材料（4人分）
ブロッコリー1個　かに風味かまぼこ2本　マヨネーズ大さじ1½　白ワイン大さじ1　塩、こしょう各適量

作り方
❶ブロッコリーは根元を切り、塩を入れた熱湯で押すとほぐれるくらいまでにゆで、ざるに上げる。かにかまは縦に細かく裂いて、長さを半分に切る。
❷耐熱ボウルにワインを入れて電子レンジで20秒加熱し、マヨネーズ、塩、こしょうで調味する。ブロッコリーを加え、食べやすいようにほぐしながらまぜる。
❸②にかにかまを加えてざっとまぜる。（栗山）

27円
献立ヒント　レシピ328＋レシピ417

レシピ **399** マヨネーズのコクとからしが絶妙バランス

ちくわのからしマヨネーズあえ

材料（4人分）
ちくわ3本　きゅうり2本　塩少々　A（マヨネーズ大さじ4　ねりがらし小さじ1～2　しょうゆ少々）

作り方
❶ちくわは5㎜厚さの輪切りに、きゅうりは薄い輪切りにし、塩を振る。
❷ボウルにAをまぜ合わせ、ちくわと水けをしぼったきゅうりを加え、あえる。（藤井）

32円
献立ヒント　レシピ78＋レシピ420

レシピ **400** ピリッとくるからしが献立とのメリハリに

水菜ともやしのからしあえ

材料（4人分）
水菜1束　もやし1袋　A（しょうゆ大さじ3　みりん大さじ1　ねりがらし小さじ⅔）　塩適量

作り方
❶水菜は塩を入れた湯でさっとゆで、冷水にとる。水けをよくきり、5㎝長さに切る。
❷同じ湯でもやしをゆで、ざるに上げて冷ます。
❸Aをまぜ合わせ、①、②とあえる。（平野）

31円
献立ヒント　レシピ138＋レシピ533

レシピ **401** 削り節や焼きのりを添えれば風味がアップ

ほうれんそうの納豆あえ

材料（4人分）
ほうれんそう１束　納豆１パック　しょうゆ小さじ2
ねりがらし少々

作り方
①ほうれんそうはゆでて3～4cm長さに切る。納豆はしょうゆとねりがらしを加えてよくまぜる。
②ほうれんそうを納豆であえる。

32円　献立ヒント　レシピ327＋レシピ415

レシピ **402** 納豆をあえるのは食べる直前がベスト

豚肉ときゅうりの納豆あえ

材料（4人分）
豚もも薄切り肉200g　きゅうり2本　納豆1パック　A（塩小さじ1　水⅔カップ）　B（しょうゆ大さじ1½　酢大さじ½　みりん小さじ1　ときがらし小さじ⅓）

作り方
①豚肉は熱湯でゆでてざるに上げ、細切りにする。
②きゅうりは薄い輪切りにし、Aに10分つけておく。軽くもみ、水けをかたくしぼる。
③①、②、納豆をあえ、よくまぜ合わせたBをかける。（夏梅）

64円　献立ヒント　レシピ315＋レシピ421

レシピ **403** 大根おろしであえるとのどごしがいい

きのこの甘酢おろし

材料（4人分）
しめじ１パック　えのきだけ１袋　大根⅓本　A（しょうゆ、酢各大さじ１　酒、砂糖各大さじ½　赤とうがらしの小口切り１本分　塩少々）

作り方
①しめじは石づきを除き、ほぐす。えのきだけは根元を落とし、半分の長さに切り、ほぐす。大根はすりおろし、水けをきる。
②耐熱ボウルにしめじ、えのき、Aを入れ、ラップをして電子レンジで2分加熱する。
③大根おろしを器に盛り、②をかける。（藤井）

36円　献立ヒント　レシピ39＋レシピ528

レシピ **404** 少し余った大豆水煮で食べごたえアップ

もやしと大豆の大根おろしあえ

材料（4人分）
もやし½袋　大豆水煮100g　大根¼本　A（しょうゆ大さじ２　酢、ごま油各大さじ１）

作り方
①もやしはさっとゆでる。
②大根はすりおろし、水けをきる。
③①、②、大豆水煮をざっと合わせてAをかける。（森）

22円　献立ヒント　レシピ312＋レシピ535

おひたし

よりおいしく仕上げるポイントは、「食材の水けをよくきること」「つけ汁によくあえて、しっかり味を含ませる」の２つ！

レシピ **405** だしをしっかりと含ませて

ほうれんそうのしょうが風味おひたし

材料（4人分）
ほうれんそう１束　わかめ（塩蔵）20g　しょうがのせん切り適量　しょうゆ大さじ1½　だし大さじ4〜5　しょうが汁小さじ2

作り方
❶ほうれんそうはゆでて4cm長さに切り、わかめはもどして食べやすくする。
❷ボウルにしょうゆ、だしを合わせ、その半量をほうれんそうにからめ、いったんしぼる。
❸残り半量のだしじょうゆにしょうが汁を合わせ、ほうれんそうとわかめをあえ、しょうがをのせる。（フードアイ）

25円　献立ヒント　レシピ294＋レシピ532

レシピ **406** 市販のめんつゆを使ってラクラク１品完成

ブロッコリーのおひたし

材料（4人分）
ブロッコリー1個　A（めんつゆ＜４倍濃縮タイプ＞40mℓ　水１カップ）　削り節、塩各少々

作り方
❶ブロッコリーは小房に分け、茎のかたい部分は厚く皮をむいて1cm角の棒状に切り、塩ゆでにする。
❷ボウルにAを合わせ、①を入れて 15 分くらいおいて味をなじませる。汁ごと器に盛り、削り節をかける。（瀬尾）

23円　献立ヒント　レシピ2＋レシピ520

レシピ **407** こぶ茶を入れるのがおいしさの決め手！

春キャベツのレンジおひたし

材料（4人分）
春キャベツ3〜4枚　A（こぶ茶、塩各小さじ⅓　薄口しょうゆ、ゆずのしぼり汁＜またはレモン汁＞各少々）すり白ごま適量　サラダ油少々

作り方
❶キャベツは5cm角くらいのざく切りにする。芯は縦に薄切りにする。耐熱ボウルに入れてサラダ油をまぜ、ラップをして電子レンジで3分加熱する。
❷とり出してAをまぜる。器に盛り、ごまをかける。（枝元）

6円　献立ヒント　レシピ17＋レシピ531

レシピ **408** お助け食材の組み合わせで簡単メニュー

もやしとちくわのおひたし

材料（4人分）
もやし１袋　ちくわ（小）４本　A（しょうゆ大さじ２　酢大さじ１　砂糖小さじ１　ねりがらし小さじ½）　すり白ごま少々

作り方
❶もやしはさっとゆで、ざるに上げる。
❷ちくわは縦半分に切って斜め薄切りにする。
❸①、②それぞれに、まぜ合わせたAを少量からめて下味をつけ、もやしは汁けをしぼる。残りのAで、もやし、ちくわをあえ、ごまを振る。

20円　献立ヒント　レシピ75＋レシピ516

ほどよい酸味でさっぱりとしたあと味が魅力。油料理や、濃いめの味つけのメインおかずに組み合わせるとピッタリです。

酢の物

レシピ409 ほんのり甘い三杯酢で箸がとまらない

きゅうりと鮭の三杯酢

材料（4人分）
きゅうり2本　甘塩鮭1切れ　玉ねぎ½個　だし大さじ2　A（酢大さじ2　砂糖小さじ2　塩小さじ⅖）

作り方
❶鮭は焼いて皮と骨を除き、身をあらくほぐす。きゅうりは縦半分に切ってから斜め薄切りにする。玉ねぎは薄切りにして水にさらし、水けをよくきる。
❷だし、Aをまぜ合わせる。
❸①をさっと合わせ、②であえる。（斉藤）

49円
献立ヒント　レシピ295＋レシピ534

レシピ410 ちりめんじゃこでカルシウムをたっぷり！

キャベツとじゃこの酢の物

材料（2人分）
キャベツ⅛個　ちりめんじゃこ大さじ1　酢、しょうゆ各小さじ1

作り方
❶キャベツは洗って軽く水けをきり、一口大にちぎってラップに包み、電子レンジで1分加熱する。
❷①があたたかいうちに、じゃことまぜ合わせる。酢、しょうゆを回しかけ、あえる。（今泉）

15円
献立ヒント　レシピ349＋レシピ530

レシピ411 シャキ感ととろろの食感を一度に味わえる

長いもの酢の物　わさび風味

材料（4人分）
長いも200g　A（だし1カップ　薄口しょうゆ大さじ1　塩少々　酢大さじ1½）わさび適量　酢少々

作り方
❶長いもは皮をむき、酢を加えた水に4〜5分つける。水けをふいて、¾量はスライサーで繊維に直角にごく細いせん切りにする。残りはすりおろす。
❷器にせん切りの長いもを盛り、まぜ合わせたAを注ぎ、すりおろした長いもとわさびをのせる。（河村）

24円
献立ヒント　レシピ298＋レシピ417

レシピ412 せん切りじゃがいもが味のポイント

かにかまとじゃがいもの酢の物

材料（4人分）
じゃがいも1個　きゅうり1本　かに風味かまぼこ4本　わかめ（乾燥）小さじ4　A（酢大さじ2　砂糖大さじ1　しょうゆ小さじ1　塩小さじ½）

作り方
❶わかめはもどしておく。じゃがいもは皮をむいてスライサーでせん切りにし、さっとゆでて水にさらす。きゅうりは薄切りにする。
❷①の水けをよくきり、3等分に切って食べやすくほぐしたかにかまを加えて、Aであえる。（森）

52円
献立ヒント　レシピ115＋レシピ523

マリネ

マリネ液によくなじませれば、おいしい箸休めが完成。冷蔵すれば２～３日はもつので、「もう一品ほしい」というときに役立ちます。

レシピ413 肉厚なピーマンの歯ざわりを楽しむ

3色ピーマンのマリネ

材料（2人分）
ピーマン2個　赤、黄ピーマン各½個　A（酢、オリーブ油各大さじ1　粒マスタード小さじ½　塩、こしょう各少々）

作り方
❶3色のピーマンは縦2つに割って種をとり、熱した焼き網にのせ、しんなりするまで軽く焼く。
❷バットにAをまぜ合わせてドレッシングを作り、焼きたての熱い①をさらに2つに切って入れる。しばらくおいて味をなじませる。（上村）

46円　献立ヒント　レシピ79＋レシピ517

レシピ414 さっぱり味に粒マスタードがきいています

かぶと薄切りのハムのマリネ

材料（4人分）
かぶ３個　かぶの葉少々　ロースハム（薄切り）50g　A（酢＜またはレモン汁＞小さじ２　砂糖小さじ½　塩、こしょう各少々　粒マスタード、オリーブ油各大さじ１）　塩小さじ½

作り方
❶かぶは皮を厚めにむき、2㎜厚さの輪切りにする。塩を振り、しんなりしたら軽く水けをしぼる。
❷かぶの葉は塩ゆでし、1㎝幅に切る。ハムは４等分に切る。
❸Aをまぜ合わせ、①を加えて15分おく。ハムを加えて軽くまぜ、器に盛り、かぶの葉を散らす。（瀬尾）

25円　献立ヒント　レシピ134＋レシピ515

レシピ415 あつあつの具をまぜるだけで、簡単おいしい

ひき肉ときのこのマスタードマリネ

材料（4人分）
豚ひき肉200g　しいたけ6枚　しめじ（大）1パック　A（酢大さじ3　白ワイン大さじ1　塩小さじ½　こしょう少々　粒マスタード大さじ3）　サラダ油大さじ2

作り方
❶しいたけは石づきを落とし、４等分に切る。しめじは石づきを落とし、ほぐす。
❷フライパンにサラダ油を熱し、ひき肉をいため、火が通ったら①を加えてさっといため、まぜ合わせたAを加えてからめる。（検見﨑）

82円　献立ヒント　レシピ174＋レシピ532

レシピ416 マリネ液の中の玉ねぎがアクセントに

トマトとピーマンのマリネ

材料（4人分）
トマト2個　ピーマン2個　A（玉ねぎのみじん切り、サラダ油各大さじ2　酢大さじ1　レモン汁小さじ1　塩小さじ⅓　こしょう少々）

作り方
❶トマトは皮を湯むきし、薄い輪切りにする。ピーマンは薄い輪切りにし、熱湯にさっとくぐらせる。
❷器に①を盛り、Aをまぜ合わせてかける。（上村）

60円　献立ヒント　レシピ12＋レシピ519

即席漬け

余った野菜の使いきりにも大助かりな即席漬け。塩もみだけでなく、わさびやこぶ茶などふだんと違う味で漬けると新しい主力に。

献立ヒント　レシピ323＋レシピ526

27円

レシピ419

風味豊かなしそ漬けで、ほんのりピンク色に

長いもの甘酢梅しそ漬け

材料（4人分）
長いも200g　梅干し1個　A（酢大さじ1　砂糖小さじ½）

作り方
長いもは4〜5cmの棒状に切り、梅干しは種をとってあらく刻む。以上をまぜ合わせたAであえ、30分以上おく。（重信）

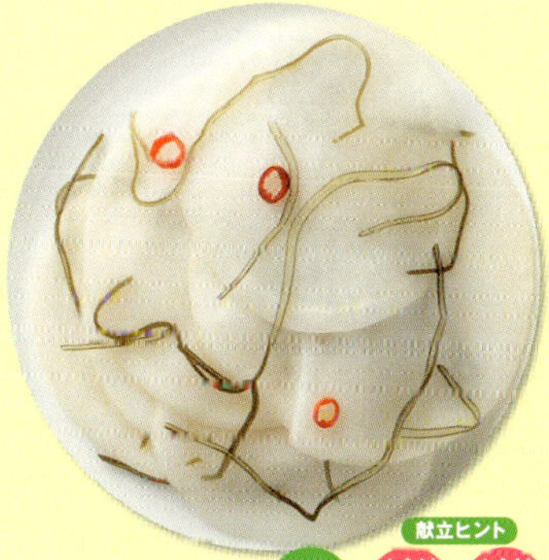

献立ヒント　レシピ492＋レシピ525

12円

レシピ418

甘酢で千枚漬け風に。ピリッとくるあと味

かぶの細切りこぶ千枚漬け

材料（4人分）
かぶ（大）1個　細切りこぶ、赤とうがらしの小口切り各少々　A（塩小さじ⅓　酢、砂糖各大さじ1　水大さじ½）

作り方
かぶは薄切りにし、こぶ、赤とうがらしとともに、まぜ合わせたAに漬ける。15分おいてから、軽くもんで盛りつける。（重信）

献立ヒント　レシピ117＋レシピ429

3円

レシピ417

酢&こぶ茶の漬け汁はあっさりした葉物向け

キャベツのこぶ茶漬け

材料（4人分）
キャベツ（大）1枚　A（こぶ茶、酢各小さじ1　いり白ごま少々）

作り方
キャベツはざく切りにして、Aをまぶして30分ほどおく。しんなりしたら軽くもんで水けをきる。（重信）

献立ヒント　レシピ494＋レシピ524

4円

レシピ422

ゴーヤの苦味とにんにくの香りがマッチ

ゴーヤのにんにくしょうゆ漬け

材料（4人分）
ゴーヤ¼本　A（にんにくの薄切り½かけ分　みりん、しょうゆ各大さじ1）

作り方
ゴーヤを薄切りにして耐熱皿に入れる。Aを加えて軽くまぜ、ラップをかけて電子レンジで1分加熱し、そのまま冷ます。（重信）

献立ヒント　レシピ498＋レシピ531

4円

レシピ421

からしのピリ感があとを引く

なすのからし塩ピリ辛漬け

材料（4人分）
なす1本　塩小さじ1½　ねりがらし少々

作り方
なすは薄い輪切りにし、水1カップと塩を合わせた塩水に15分漬ける。もんで水けをしぼり、水適量でのばしたねりがらしを添える。（重信）

献立ヒント　レシピ493＋レシピ535

7円

レシピ420

さっぱりとしたサラダ感覚の漬け物

水菜の削り節わさび漬け

材料（4人分）
水菜50g　塩小さじ½　わさび小さじ⅓　削り節2g

作り方
水菜は5〜6cm長さに切り、バットなどに並べる。水½カップ、塩を煮立たせ、水菜にざっとかけてから、わさび、削り節をまぜ、ラップをかけて冷めるまでおく。（重信）

「ちょっとボリュームあるサブおかずがほしい」。そんなときは、小さな煮物を作りましょう。サッと煮るだけなら時間がかかりません。

小さな煮物

レシピ423 香りがとばないよう、みそは最後に入れて

キャベツとあさりのごまみそ煮

材料（2人分）
キャベツ3枚　あさり水煮缶（小）1缶（80g）　だし½カップ　A（酒大さじ2　砂糖大さじ½　しょうゆ小さじ1）　みそ大さじ⅔　すり白ごま大さじ1

作り方
❶キャベツは芯をとり、1.5㎝角に切る。あさりは缶汁をきる。
❷なべに①、だしを入れて強火にかけ、煮立ったらAを入れて中火で煮る。汁けがなくなったら、みそ、ごまを加えまぜ、全体に味をなじませる。（武蔵）

94円　献立ヒント　レシピ13＋レシピ530

レシピ424 くったりと煮たキャベツが甘くておいしい

キャベツとハムのスープ煮

材料（4人分）
キャベツ¼個　ロースハム2枚　A（チキンスープのもと1個　湯2カップ　<あれば>ローリエ1枚　<あれば>タイム<乾燥>少々）　塩、こしょう各少々

作り方
❶キャベツは4等分に切り、ハムは5㎜角に切る。
❷なべにAを入れてキャベツを加え、蓋をして強火にかける。煮立ったら弱火にし、キャベツがやわらかくなるまで15〜20分煮る。
❸塩、こしょうで味をととのえ、ハムを加えて一煮し、器に盛る。（検見﨑）

9円　献立ヒント　レシピ254＋レシピ415

レシピ425 冷蔵庫にある高菜漬けでパパッと1品

もやしと高菜のピリ辛煮

材料（2人分）
もやし150g　高菜漬け30g　みりん、しょうゆ各大さじ1

作り方
❶高菜漬けは細かく刻む。
❷なべにもやしと水¼カップ、①を入れて火にかける。煮立ったら、みりんとしょうゆを加え、汁けがほとんどなくなるまで煮る。（武蔵）

28円　献立ヒント　レシピ349＋レシピ532

レシピ426 だしもとれる切りこぶが大活躍！

もやしと切りこぶの煮物

材料（2人分）
もやし½袋　切りこぶ（乾燥）10g　赤とうがらし1本　A（砂糖、みりん各大さじ1　しょうゆ大さじ2½）

作り方
❶こぶはなべに水½カップといっしょに入れてもどす。
❷①のなべを火にかけて煮立ったら、もやし、小口切りの赤とうがらし、Aを加える。
❸落とし蓋をし、中火で汁けがなくなるまで煮る。（武蔵）

70円　献立ヒント　レシピ149＋レシピ531

レシピ **427** じゃこの塩けを味に生かしたシンプル煮物

小松菜とじゃこのさっと煮

材料（4人分）
小松菜½束　ちりめんじゃこ大さじ２　だし２カップ
酒、しょうゆ各小さじ２

作り方
❶なべにじゃこ、だしをまぜて５分おく。
❷小松菜は根元を切って、５cm長さに切る。
❸①のなべを火にかけ、煮立ったら酒と②を加えてしんなりするまで２〜３分中火で煮る。しょうゆを加え、一煮立ちさせる。（栗山）

37円　献立ヒント　レシピ50＋レシピ403

レシピ **428** 葉がクタッとならないうちに火を止めて

チンゲンサイと油揚げのピリ辛煮

材料（4人分）
チンゲンサイ２株　油揚げ½枚
赤とうがらし１本　だし１カップ
Ａ（しょうゆ大さじ２弱　みりん大さじ½）　サラダ油大さじ½

作り方
❶チンゲンサイは４〜５cm長さに切り、軸と葉を分けておく。
❷油揚げは油抜きをし、縦半分に切って短冊切りにする。
❸なべにサラダ油を熱し、ちぎった赤とうがらし、チンゲンサイの軸、葉の順に加えてさっといためる。
❹全体に油が回ったら、②を加えていため、だしを入れて一煮立ちさせ、Ａで調味して中火で３〜４分煮る。

20円　献立ヒント　レシピ122＋レシピ419

レシピ **429** 濃いめの味つけがあとを引く

にんじんと卵のいり煮

材料（4人分）
にんじん2本　卵3〜4個　Ａ（砂糖大さじ１　しょうゆ大さじ1½　和風だしのもと少々）　サラダ油大さじ２

作り方
❶にんじんは4cm長さのせん切りにする。
❷フライパンにサラダ油を熱して、にんじんをよくいため、Ａを加えて、やや濃いめの甘辛味をつける。
❸②にとき卵を回し入れて、卵がポロポロになるまでいりつけ、器に盛る。

25円　献立ヒント　レシピ27＋レシピ535

レシピ **430** 薄くむくからあっという間にでき上がり！

ピーラー大根のさっと煮

材料（4人分）
大根¼本　大根の葉 50g　Ａ（ちりめんじゃこ 10g　だし1½カップ　みりん大さじ1½　しょうゆ大さじ１　塩少々）

作り方
❶大根は皮をむき、ピーラーで全体を薄くむく。葉は３cm長さに切る。
❷なべにＡを合わせたものを煮立たせ、①を加えてさっと煮る。（夏梅）

21円　献立ヒント　レシピ151＋レシピ420

小さな煮物

レシピ **431** だしの風味がきいたやさしい味わい

アスパラガスの煮びたし

材料（4人分）
グリーンアスパラガス８本　A（だし１カップ　しょうゆ、みりん各小さじ１　塩小さじ½）　削り節１パック（5g）　おろししょうが少々

作り方

❶アスパラガスは根元の部分のかたい皮をむき、斜め薄切りにする。
❷なべにAを煮立て、①を加えて1～2分煮る。皿に盛り、削り節とおろししょうがをのせる。（藤井）

25円　献立ヒント　レシピ66＋レシピ468

レシピ **432** 切り目を入れると、うまみも味もしみやすい

ししとうの当座煮

材料（4人分）
ししとうがらし200g　ちりめんじゃこ20g　A（酒、水各¼カップ　みりん大さじ１　しょうゆ大さじ1½）

作り方

❶ししとうがらしはへたをとり、はじけないよう1cmくらい切り目を入れる。
❷なべにAと①、じゃこを入れ、中火で煮汁がなくなるまで煮る。（藤井）

47円　献立ヒント　レシピ234＋レシピ536

レシピ **433** なすの皮はむいてから煮て、口当たりよく

なすと桜えびの煮物

材料（4人分）
なす12個　A（だし８カップ　塩小さじ１　みりん大さじ4）　桜えび40g　しょうゆ少々

作り方

❶なすは皮をむいて水にさらし、ざるに上げる。熱湯で3～4分ゆでて水にとり、水けをしぼる。
❷なべにAと桜えびを入れて煮立て、①を加えて弱火で5分煮る。しょうゆで味をととのえ、そのまま冷まして味を含ませる。（大石）

128円　献立ヒント　レシピ300＋レシピ530

レシピ **434** しっかり甘辛く煮たなすは冷たくても美味

なすの田舎煮

材料（4人分）
なす8個　ちりめんじゃこ40g　サラダ油大さじ３　酒大さじ2　A（みりん大さじ2　しょうゆ大さじ1½　水大さじ3）

作り方

❶なすはへたをとり、縦半分に切って、皮に格子状の切り込みを入れる。
❷中華なべにサラダ油を熱し、①を皮のほうから並べ入れ、両面とも色よく焼く。
❸じゃこを②にいため合わせ、酒を振る。Aを加えて蓋をし、弱火で約３分蒸し煮にする。（大庭）

88円　献立ヒント　レシピ305＋レシピ534

レシピ435 ひじきのうまみがかぼちゃにしみ込む

かぼちゃとひじきの甘煮

材料（4人分）
かぼちゃ⅙個　芽ひじき（乾燥）大さじ3　砂糖、しょうゆ各大さじ1

作り方
①ひじきは水につけてもどす。
②かぼちゃはわたと種をとって一口大に切り、皮はまだらにむく。
③なべにかぼちゃの皮を下にして並べ、砂糖を振りかけ、かぼちゃが少し出るくらいまで水を注ぐ。
④強火にかけ、煮立ったら中火にしてやわらかくなるまで煮、しょうゆを回し入れ、水けをきった①を加えて汁けがほとんどなくなるまで煮る。（[illegible]）

15円　献立ヒント　レシピ137＋レシピ467

レシピ436 2食材のつるっとした食感が楽しめる一品

えのきとしらたきのいり煮

材料（4人分）
えのきだけ1袋　しらたき½袋　A（みりん小さじ1　酒大さじ1）　しょうゆ大さじ1

作り方
①えのきだけは根元を落とし、長さを半分に切る。
②しらたきはさっとゆでてから食べやすい長さに切り、水けをきる。
③なべにAを入れて煮立てアルコール分をとばし、しょうゆを加える。①と②を入れて汁けがなくなるまでいりつけるように煮る。（岩﨑）

20円　献立ヒント　レシピ303＋レシピ419

レシピ437 味がよくしみるように、しょうゆは最後

里いもの煮物

材料（4人分）
里いも600g　だし2カップ　砂糖大さじ3　酒、しょうゆ各大さじ2

作り方
①里いもは皮をむき、大きいものは半分に切り、煮立った熱湯に入れて5〜6分ゆでたら水にとり、ぬめりを洗い流す。
②なべにだし、①を入れて中火で5分煮る。砂糖、酒を順に加え、さらに10分煮てからしょうゆを加え、煮汁がほとんどなくなるまで煮る。（藤井）

42円　献立ヒント　レシピ146＋レシピ417

レシピ438 コーンの甘みが子どもたちに人気

じゃがいもとコーンの洋風煮

材料（4人分）
じゃがいも2個　ホールコーン缶75g　固形スープ1個　バター大さじ1　塩、こしょう各少々

作り方
①じゃがいもは皮をむき、4〜6つに切る。
②なべにバターをとかし、じゃがいもをいため、ひたひたの水を注いで固形スープを加えて煮込む。
③じゃがいもがやわらかくなったら、缶汁をきったコーンを加えて、塩、こしょうで味をととのえ、汁けがなくなるまで煮る。（池上）

20円　献立ヒント　レシピ314＋レシピ463

少しだけ残った食材も、油でサッといためることで満足感のあるサブおかずに。お弁当のおかずやおつまみとしても活用できます。

小さないため物

レシピ **439** 酢をメインにさっぱりと仕上げる

キャベツとウインナの酢いため

材料（4人分）
キャベツ2〜3枚　ウインナソーセージ2本　しょうがの薄切り1かけ分　A（酢、砂糖各大さじ1　しょうゆ小さじ1　塩小さじ¼　かたくり粉小さじ½）　サラダ油大さじ1

作り方
❶キャベツは表側から軸をそぎとり、3〜4㎝角に切る。ウインナは3〜4㎜厚さの斜め切りにする。
❷フライパンにサラダ油を熱し、キャベツとしょうがを強火でいため、香りが立ったらウインナを加えて、さっといため合わせる。
❸Aをまぜて回し入れ、全体にからめるようにいためる。（堀江）

21円　献立ヒント　レシピ98＋レシピ531

レシピ **440** でき上がり直前にごまを加えて風味をプラス

キャベツと鮭のごまいため

材料（4人分）
キャベツ3枚　甘塩鮭1切れ　絹さや16枚　いり白ごま小さじ1　A（酒大さじ1　しょうゆ小さじ½）　塩、こしょう各少々　サラダ油大さじ1

作り方
❶キャベツはざく切りにし、絹さやは筋をとる。鮭は焼いて皮と骨を除き、あらくほぐす。
❷フライパンにサラダ油を熱してキャベツ、絹さやをいため、全体に油が回ったら鮭を加えていため合わせる。
❸Aを加え、味をみて塩、こしょうでととのえ、仕上げにごまを振り入れてひとまぜする。（斉藤）

49円　献立ヒント　レシピ99＋レシピ528

レシピ **441** 濃いめのピリ辛味がごはんの友

白菜のきんぴら風

材料（4人分）
白菜⅛個（葉3〜4枚）　A（赤とうがらしの小口切り少々　しょうゆ大さじ1½　砂糖大さじ1）　ごま油大さじ1

作り方
❶白菜は葉と軸に切り分ける。葉は4〜5㎝長さの2㎝幅に切る。軸は4〜5㎝長さの1㎝幅に切る。
❷フライパンにごま油を熱し、中火で①の軸をいためる。しんなりしたら、①の葉を加えいためる。
❸葉に油がなじんだらAを加え、強火で汁けをとばすようにいためる。（検見﨑）

4円　献立ヒント　レシピ49＋レシピ525

レシピ **442** えびのかわりにちりめんじゃこでも

白菜の桜えびいため

材料（4人分）
白菜⅛個（葉3〜4枚）　桜えび10g　A（酒大さじ1　塩少々　しょうゆ小さじ¼　砂糖小さじ½）　サラダ油大さじ1

作り方
❶白菜は葉と軸に切り分け、それぞれ横に7〜8㎜幅に切る。
❷フライパンにサラダ油を熱し、強火で①の軸をいためる。油がなじんできたら桜えび、①の葉を加え、さっといためる。Aを加え、水けをとばすようにいためる。（検見﨑）

44円　献立ヒント　レシピ357＋レシピ535

レシピ **443** 大根はいため焼きで歯ごたえを残す

大根の照り焼きしそ風味

材料（2人分）
大根⅕本　青じそ4〜5枚　A（砂糖、みりん各大さじ1　しょうゆ大さじ1½）　サラダ油大さじ½

作り方
①大根は皮をむいて4〜5㎜厚さのいちょう切りにし、ふんわりとラップをかけて電子レンジで1分30秒加熱し、水けをとる。
②フライパンにサラダ油を熱し、①をいため焼きにし、焼き色がついたら、まぜ合わせたAを回しかけてからめる。フライパンを揺すって照りを出し、最後に青じそをちぎって散らす。（武蔵）

24円　献立ヒント　レシピ311＋レシピ418

レシピ **444** たらこのプチプチした口当たりが新鮮

大根のたらこいため

材料（4人分）
大根⅕本　たらこ½腹　酒大さじ1　塩少々　サラダ油大さじ1

作り方
①大根は皮をむき、縦に4等分し、さらに端から2〜3㎜厚さに切る。
②たらこは切り目を入れ、身をかき出す。
③フライパンにサラダ油を熱し、①を強火でいためる。全体に油が回ったら②を加えて、酒と塩を振る。大根にたらこがからまるまでいためる。（藤野）

16円　献立ヒント　レシピ315＋レシピ405

レシピ **445** 捨てがちな葉の部分も使って、もう１品

大根の葉と豚肉のピリ辛いため

材料（4人分）
大根の葉1本分　豚切り落とし肉150g　A（しょうゆ、酒各大さじ2　コチュジャン小さじ1）　サラダ油大さじ1

作り方
①大根の葉は熱湯でさっとゆでて冷水にとり、水けをよくしぼって3㎝長さに切る。
②フライパンにサラダ油を熱し、豚肉をいためる。肉の色が変わったら①を加えていため合わせ、まぜ合わせたAで調味する。（浦上）

35円　献立ヒント　レシピ196＋レシピ529

レシピ **446** ザーサイの塩けで味つけはほぼOK

かぶの葉とザーサイのいため物

材料（4人分）
かぶの葉３個分　ザーサイ（びん詰め）50g　A（砂糖小さじ１　しょうゆ少々）　ごま油大さじ１

作り方
①かぶの葉は 4㎝長さに切る。
②フライパンにごま油を熱し、①とザーサイをいためる。葉がしんなりしたらAで調味する。（浦上）

25円　献立ヒント　レシピ238＋レシピ361

レシピ **447** 加熱は電子レンジのみ！の手間いらず

チンゲンサイと桜えびのバターいため

材料（4人分）
チンゲンサイ2株　桜えび大さじ2　A（酒大さじ1　鶏がらスープのもと、塩、こしょう各少々）　バター大さじ1

作り方

❶チンゲンサイはざく切りにして耐熱ボウルに入れる。
❷①に桜えび、Aを加え、バターをのせる。ラップをかけて電子レンジで約2分加熱する。一度とり出してまぜ、さらに1分加熱する。（吉田）

60円　献立ヒント　レシピ182＋レシピ531

レシピ **448** ちりめんじゃこは弱火でじっくりいためて

にらとじゃこのカリカリいため

材料（4人分）
ちりめんじゃこ½カップ　にら1束　しょうゆ大さじ1弱　ごま油大さじ1

作り方

❶にらは食べやすい長さに切る。
❷フライパンにごま油とじゃこを入れ、カリッとするまで弱火でじっくりいため、いったんじゃこをとり出す。
❸フライパンを再度火にかけて①をいためる。しんなりしたらしょうゆで味をととのえ、器に盛り、②をかける。（上田）

78円　献立ヒント　レシピ297＋レシピ415

レシピ **449** ごま油とにんにくの風味がきいてます

れんこんのにんにくいため

材料（4人分）
れんこん（小）1節　ベーコン2枚　にんにくの薄切り1かけ分　いり黒ごま少々　A（しょうゆ、みりん、酒各大さじ1）　ごま油小さじ1

作り方

❶れんこんは皮をむき、縦半分に切ってから5㎜厚さの斜め切りにして、水にさらしてアクをとる。
❷ベーコンは5㎜幅に切る。
❸なべにごま油を熱し、にんにくと②をいため、香りが立ってきたら水けをきった①を加えて、さっといため合わせる。
❹全体に油が回ったらAを加え煮からめる。器に盛って、ごまを散らす。（石澤）

20円　献立ヒント　レシピ122＋レシピ410

レシピ **450** 定番おかずにベーコンの風味とコクをプラス

ごぼうとベーコン入りきんぴら

材料（4人分）
ごぼう60g　にんじん40g　ベーコン2枚　しょうゆ小さじ2　砂糖小さじ1　ごま油小さじ2

作り方

❶ごぼうはささがきにして水にさらす。にんじんもささがきにする。ベーコンは7〜8㎜幅に切る。
❷なべにごま油を熱し、水けをよくきったごぼう、にんじんを加えてしんなりするまでいため、ベーコンを加えてさらにいためる。
❸しょうゆ、砂糖で調味し、よくいため合わせて汁けをからませる。（河野）

16円　献立ヒント　レシピ351＋レシピ431

レシピ451 じゃがいもにたらこの塩けをからませて

じゃがたらバターいため

材料（4人分）
じゃがいも3個　たらこ1腹　酒大さじ1　A（しょうゆ、塩、こしょう各少々）　レモン汁小さじ1½　バター大さじ1½

作り方
1 じゃがいもは5mm角の棒状に切り、水にさらして、水けをきる。
2 たらこは薄皮を除いて、酒をかけてほぐす。
3 フライパンにバターをとかし、①を好みのかたさにいためる。②を加えまぜ、Aで味をととのえる。
4 仕上げにレモン汁を振り、ひとまぜして火を止める。器に盛り、あればパセリのみじん切りを散らす。（今泉）

30円　献立ヒント　レシピ106＋レシピ379

レシピ452 相性抜群のじゃがいもとカレーで

じゃがいもとコーンの簡単いためカレー

材料（4人分）
じゃがいも3個　ホールコーン缶1カップ　豚ひき肉150g　玉ねぎ½個　A（固形スープ1個　カレー粉大さじ2〜3　ローリエ1枚　好みで赤とうがらし＜種を除く＞1〜2本）　にんにく1かけ　塩、こしょう各少々　サラダ油小さじ2

作り方
1 じゃがいもは1cm角に切り、水にさらす。玉ねぎ、にんにくはみじん切りにする。
2 なべにサラダ油を熱し、にんにく、玉ねぎを中火でしんなりするまでいため、ひき肉を加えてポロポロにいためる。
3 ②に水けをきったじゃがいもと、缶汁をきったコーンを加えていためたら、ひたひたの水、A、塩、こしょうを加える。
4 ときどきまぜながら汁けがなくなるまで中火で煮、器に盛ってあればパセリのみじん切りを散らす。（森）

130円　献立ヒント　レシピ193＋レシピ384

レシピ453 ひじきがたっぷり入ってうまみがじんわり

ひじきと卵のさっといため

材料（4〜6人分）
ひじき（乾燥）15g　卵2個　塩小さじ⅓　しょうゆ少々　ごま油大さじ1½

作り方
1 ひじきはさっと洗って水に15分つけてもどす。水けをきり、長いものは食べやすく切る。
2 卵は塩少々（分量外）を入れ、よくとく。
3 フライパンにごま油大さじ1/2量を熱し、①をいため、しんなりしたらとり出す
4 ③のフライパンに残りのごま油を入れ、卵を加えてふんわりしたら、ひじきを戻し、塩、しょうゆで調味する。（武蔵）

31円　献立ヒント　レシピ301＋レシピ381

レシピ454 豚肉と切り干しのダブルでうまみが倍増

切り干し大根の卵いため

材料（4人分）
切り干し大根40g　豚ひき肉150g　A（砂糖、オイスターソース各小さじ½　塩小さじ¼　こしょう少々）　卵3個　サラダ油大さじ1

作り方
1 切り干し大根は水につけてもどし、軽く水けをしぼっておく。
2 フライパンにサラダ油を熱し、中火でひき肉をいため、ポロポロになったら湯½カップとAを加え、煮立ったところに①を入れ、ときどきまぜながら7〜8分煮る
3 ほぼ汁けがなくなったら強火にし、とき卵を流し入れさっとまぜる。（検見﨑）

44円　献立ヒント　レシピ313＋レシピ458

保存のきく常備菜は、時間がないときでもすぐに食卓に出せて大助かり。密閉容器に入れ、極力空気にふれさせないのが保存のコツ。

常備菜

献立ヒント レシピ179＋レシピ405

レシピ457 105円

白いごはんがどんどん進む

牛肉のしぐれ煮

保存期間目安 1週間

材料と作り方

❶牛薄切り肉300gは3cm幅のざく切りにしてフライパンに入れる。❷酒大さじ3⅓、しょうゆ大さじ3、砂糖大さじ1½を加えて肉をほぐし、強火にかけてまぜながら水けをとばす。食べるときは、好みで紅しょうがをのせても。

献立ヒント レシピ375＋レシピ515

レシピ456 55円

チャーハンの具やレタス包みにしても

ドライカレー

保存期間目安 1週間

材料と作り方

❶バター大さじ1を中火でとかし、合いびき肉200gを軽く焼き色がつくまでいためる。❷玉ねぎのみじん切り½個分、ピーマンのみじん切り1個分、にんにく、しょうがのみじん切り各小さじ2を加えていためる。❸トマトジュース1カップ、カレー粉、しょうゆ各大さじ2、砂糖大さじ1を加えてまぜ、水けがなくなるまで煮る。

献立ヒント レシピ327＋レシピ212

レシピ455 34円

甘辛くいため煮した肉みそは使い道いろいろ

肉みそ

保存期間目安 10日間

材料と作り方

❶フライパンにごま油大さじ1を強火で熱し、鶏ひき肉200gをいためる。❷ポロポロになったら、みりん大さじ4、みそ大さじ3を加えて中火にし、まぜながら全体がなめらかになるまで煮る。❸火を止め、いり白ごま大さじ2を加える。

献立ヒント レシピ355＋レシピ374

レシピ460 33円

しめじに限らずいろんなきのこでお試しを

きのことベーコンのマリネ

保存期間目安 3～4日間

材料と作り方

❶しめじ1パックは石づきをとり、小房に分ける。ベーコン2枚は短冊切りにする。❷オリーブ油大さじ3とにんにくの薄切り1かけ分を弱火でいため、香りが立ったら①、玉ねぎの薄切り¼個分を加えて中火でいため、酢大さじ1½、塩小さじ½、こしょう少々を加えて煮立てる。

献立ヒント レシピ161＋レシピ387

レシピ459 44円

好みで七味とうがらしを加えて

セロリとウインナのきんぴら

保存期間目安 4日

材料と作り方

❶セロリ1本とウインナソーセージ4本は1cm幅の斜め薄切りにする。❷サラダ油大さじ1を中火で熱し、ウインナ、セロリの順に加えていためる。❸しんなりしたら、しょうゆ大さじ1、砂糖大さじ½を加え、水けがなくなるまでいためる。

献立ヒント レシピ362＋レシピ413

レシピ458 19円

少し大きめに裂いて食べごたえを出しても

鶏ごまマヨネーズあえ

保存期間目安 4日

材料と作り方

❶鶏胸肉1枚は耐熱皿に入れてラップをかけ、電子レンジで3分加熱し、そのまま冷ます。❷①の皮をとってせん切りにし、肉は手でほぐす。マヨネーズ、すり白ごま各大さじ1½、しょうゆ大さじ1、砂糖小さじ2であえる。

献立ヒント 9円 レシピ70+レシピ397

レシピ461

塩水に漬けるだけだからとっても簡単

塩水漬け

保存期間目安 5日

材料と作り方

❶キャベツ2枚は3cm角に切る。きゅうり1本は長さを5等分し、4つ割りにする。❷容器に、水2カップ、塩小さじ2½を入れてよくまぜ、①を入れて、野菜がしんなりするまで冷蔵庫内で漬ける。

献立ヒント 13円 レシピ336+レシピ395

レシピ462

ごはんにのせても、生野菜につけても

鉄火みそ

保存期間目安 10日間

材料と作り方

❶大豆水煮150gは、水けをきっておく。❷なべにごま油大さじ2を中火で熱し、大豆をいためる。❸みそ1カップ、みりん½カップ、砂糖¼カップを加え、まぜながら角が立つくらいまで水けをとばす。

献立ヒント 28円 レシピ170+レシピ322

レシピ463

冷蔵庫にある野菜を自由に組み合わせて

野菜ピクルス

保存期間目安 1週間

材料と作り方

❶かぶ2個は皮をむいて8つ割りに、きゅうり1本とセロリ1本は5cm長さの棒状に切る。❷なべに酢、水各1カップ、粒黒こしょう5粒、砂糖大さじ2、塩大さじ1、あればローリエ1枚を入れて煮立てる。❸容器に①を入れ、②が熱いうちにかける。

献立ヒント 71円 レシピ183+レシピ516

レシピ464

切ってあえるだけの手軽さが魅力

たことトマトのノンオイルマリネ

保存期間目安 1週間

材料と作り方

❶ゆでだこ150gはぶつ切りに、トマト1個は2.5cm角に切る。❷容器に酢、水各½カップ、塩小さじ1、砂糖大さじ2、こしょう少々を入れてまぜ、①と玉ねぎのみじん切り¼個分を加える。❸②からたこが出ないようにして1時間以上漬ける。

献立ヒント 28円 レシピ99+レシピ531

レシピ465

小松菜を多めに買ったらいためて常備

小松菜のおかかいため

保存期間目安 1週間

材料と作り方

❶小松菜1束は4cmのざく切りにする。❷フライパンにごま油大さじ2を強火で熱し、小松菜をしんなりするまでいためる。❸しょうゆ大さじ1を加えて水けがなくなるまでいため、削り節3gを加えてまぜる。

献立ヒント 37円 レシピ290+レシピ529

レシピ466

ごま油の風味がピーマンの苦味にマッチ

ピーマンの甘辛しょうゆいため

保存期間目安 5日

材料と作り方

❶ピーマン10個は種とへたをとって5mm幅のせん切りにする。❷フライパンにごま油大さじ1を中火で熱し、ピーマンをいため、しょうゆ大さじ1、みりん小さじ1を加え、水けがなくなるまでいためる。

献立ヒント

レシピ469　53円　レシピ293＋レシピ409

しいたけのもどし汁でじっくり煮込む

しいたけとこぶの浅佃煮

保存期間目安　1週間

材料と作り方

❶干ししいたけ6枚とこぶ5㎝は、水4カップにつけてもどす。❷しいたけは5㎜厚さの薄切り、こぶは短冊切りにする。❸なべに①のもどし汁と②を入れ、やわらかくなるまで煮る。❹砂糖大さじ2、しょうゆ大さじ4を加え、煮汁がなくなるまで煮る。

献立ヒント

レシピ468　57円　レシピ4＋レシピ533

梅干しでさっぱり和風仕上げ

なすとみょうがの梅風味漬け

保存期間目安　5日

材料と作り方

❶梅干し2個は種をとって包丁で細かく刻む。なす3本はへたをとり、縦半分に切ってから斜め薄切りにし、みょうが3本は斜め薄切りにする。❷ボウルに水1カップ、酢大さじ1、塩小さじ2を入れてまぜ、①を入れる。食べるぶんだけ汁けをしぼる。

献立ヒント

レシピ467　32円　レシピ88＋レシピ515

味つけはポン酢のみのシンプルさ

グリーンアスパラの揚げびたし

保存期間目安　5日

材料と作り方

❶グリーンアスパラガス10本は根元のかたいところを落とし、長さを半分に切る。❷揚げ油適量を160度に熱し、①を2分ほど素揚げする。❸容器にポン酢じょうゆ½カップ、②を入れて10分以上漬ける。保存するときは、漬け汁に水大さじ2を足しておく。

献立ヒント

レシピ472　59円　レシピ56＋レシピ394

人気煮物は電子レンジで手軽に調理も

ひじき煮

保存期間目安　5日

材料と作り方

❶ひじき（乾燥）25gは水でもどし、水けをきる。❷にんじん、こんにゃく各50gはせん切りにする。❸耐熱ボウルに①、②、豚薄切り肉100g、しょうゆ大さじ2、砂糖小さじ2、ごま油大さじ1、だし½カップを入れ、ラップをして電子レンジで10分加熱する。（以上、瀬尾）

献立ヒント

レシピ471　22円　レシピ334＋レシピ530

煮汁をしっかりとばすのがポイント

切り干し大根の煮物

保存期間目安　5日

材料と作り方

❶切り干し大根25gは水につけてもどす。❷さつま揚げ1枚は短冊切りに、にんじん30gはせん切りにする。❸耐熱容器に水けをきった①、②、しょうゆ、みりん各小さじ2、ごま油小さじ1を入れてラップをかけ、電子レンジで10分加熱し、まぜる。

献立ヒント

レシピ470　12円　レシピ175＋レシピ410

おつまみやお弁当のおかずに大助かり

こんにゃくのいり煮

保存期間目安　5日

材料と作り方

❶こんにゃく1枚はアク抜きをし、表面に包丁で格子状に切り込みを入れて2.5㎝角に切る。❷ごま油大さじ2を強火で熱し、①を焼き色がつくまで焼き、赤とうがらしの小口切り1本分、しょうゆ大さじ2½、みりん大さじ1½を加え、いりつける。

Part 8

ランチやボリューム不足おかずのときに大活躍

ごはん、めん、汁物

みんなが大好きなことまちがいナシ！のごはんやめん類。
お昼どきや、忙しい日の晩ごはんにはもってこいです。
これに、ごちそう汁物や、小さなおかずを組み合わせるだけでもバランスのよい献立に。
もちろん、単品で食べても、味＆食べごたえともに満足できます。

- チャーハン
- まぜごはん
- どんぶり ワンプレート
- そば うどん
- 焼きそば パスタ
- 洋風スープ
- 中華スープ
- 和風スープ

チャーハン

冷蔵庫にある肉や魚と、野菜を組み合わせてササッとごはんをいためましょう。在庫使いきりメニューとしても大いに役立ちます。

61円
献立ヒント レシピ407＋レシピ529

レシピ473

香ばしいねぎをたっぷり入れた定番レシピ

ねぎチャーハン

材料（4人分）
ごはん茶わん6杯分　焼き豚150g　ねぎ2本　卵3個　酒、しょうゆ各大さじ1　塩、こしょう各適量　サラダ油大さじ3½　ごま油小さじ1

作り方

❶ねぎは小口切りにする。焼き豚は5㎜角に切る。

❷卵はときほぐして塩、こしょうを加える。サラダ油大さじ2を熱した中華なべに流し入れて大きくまぜ、いり卵にしてとり出す。

❸②のなべにサラダ油大さじ1½を足して①をいため合わせ、ごはんを加え、②を戻し入れて塩、こしょう、酒を振ってまぜる。仕上げにしょうゆをなべ肌から回し入れ、ごま油を振り入れ、ひとまぜする。（樋口）

117円
献立ヒント レシピ388＋レシピ523

レシピ474

マイルドな辛さで子どもも食べられる

キムチとチーズのチャーハン

材料（2人分）
ごはん茶わん2杯分　白菜キムチ50g　プロセスチーズ（1㎝厚さ）3枚　ウインナソーセージ3本　ホールコーン缶½カップ　トマトケチャップ大さじ2　しょうゆ少々　バター10ｇ

作り方

❶キムチは細かく刻み、チーズは1㎝角に切る。ウインナは縦４つ割りにして小口切りにする。コーンは缶汁を切っておく。ごはんは軽くあたためる。

❷フライパンにバターを入れてとかし、ごはんを中火でいため、キムチを加えていため合わせる。

❸ウインナ、コーンを加え、さらにまぜながらいためる。トマトケチャップ、しょうゆで調味して、チーズを加え手早くいため合わせる。

レシピ **475** 刻んだ梅は最後に入れて色よく仕上げて

梅ガーリックチャーハン

材料（4人分）
ごはん茶わん4杯分　かりかり梅15個　にんにくのみじん切り2かけ分　万能ねぎの小口切り½カップ　塩少々　サラダ油大さじ1

作り方
❶かりかり梅は種をとって、みじん切りにする。
❷フライパンににんにくとサラダ油を入れて強火にかける。香りが出てきたら、ごはんを加えてしっかりいため、塩を振り、仕上げに①とねぎをまぜ合わせる。（上田）

レシピ **476** 豚はこまぎれ肉やベーコンで代用も

セロリと豚の塩チャーハン

材料（2人分）
ごはん茶わん2杯分　セロリ½本　豚バラ薄切り肉100g　卵1個　塩、こしょう各少々　サラダ油大さじ1

作り方
❶セロリは筋を除いて1.5㎝長さの短冊形に切る。豚肉は一口大に切る。卵をとき、軽くあたためたごはんとまぜ合わせておく。
❷フライパンにサラダ油を熱して中火で豚肉をいため、肉の色が変わったらセロリを加えていため合わせる。
❸火が通ったら①のごはんを加えて、パラリとするまでいためる。塩、こしょうで味をととのえ、好みで黒こしょうを振る。

レシピ **477** めんつゆで手軽に味つけできる

にらたまチャーハン

材料（4人分）
ごはん茶わん4杯分　にら1束　卵3個　めんつゆ大さじ4　こしょう少々　サラダ油大さじ2

作り方
❶にらは4㎝長さに切る。卵はときほぐす。
❷フライパンにサラダ油を熱し、にらをいためる。しんなりしたらフライパンの端に寄せ、卵を流し入れてほぐしながらいため合わせる。
❸②にごはんを加えて全体をまぜ、めんつゆ、こしょうで調味する。（坂田）

レシピ478 ザーサイの塩けとごまだれの甘みが絶妙

レタスとザーサイチャーハン

材料（4人分）
ごはん茶わん4杯分　レタス5枚　ザーサイ 30g　ねぎのみじん切り½本分　万能ねぎの小口切り3本分　ごまだれ大さじ3　しょうゆ大さじ1　こしょう少々　サラダ油大さじ2

作り方
❶フライパンにサラダ油を熱し、ねぎ、ザーサイをいため、ごまだれを加えていため合わせる。
❷①にごはんを加えまぜ、しょうゆ、こしょうを加えていためる。
❸レタスを手で大きめにちぎって加え、少ししんなりしたら火を止めて器に盛り、万能ねぎを散らす。（坂田）

レシピ479 しゅんぎくの強い香りを存分に味わって

鮭としゅんぎくのチャーハン

材料（2人分）
ごはん茶わん3杯弱　甘塩鮭（大）1切れ　卵1個　しゅんぎく 200g　塩小さじ¼　しょうゆ小さじ1～1½　こしょう少々　サラダ油大さじ2

作り方
❶鮭は焼いて皮と骨を除き、あらくほぐす。卵はときほぐし、塩少々（分量外）を加えてまぜる。
❷しゅんぎくは塩ゆでし、水にとって冷まし、水けをしぼってみじん切りにする。
❸中華なべにサラダ油を熱し、卵を流し入れてかきまぜ、ごはんを加え、ほぐすようにしていためる。
❹鮭、②を加えて手早くいため合わせる。塩、こしょうで調味し、しょうゆをなべ肌から回し入れて、全体をまぜる。好みでしゅんぎくを飾る。（高城）

レシピ480 カリカリッとした食感がアクセント

桜えびとじゃこのチャーハン

材料（4人分）
ごはん茶わん6杯分　卵2～3個　桜えび大さじ4～6　ちりめんじゃこ大さじ4　いり白ごま小さじ4　万能ねぎ1束　和風だしのもと少々　しょうゆ大さじ1⅓　塩、こしょう各少々　サラダ油大さじ2～3

作り方
❶万能ねぎは小口切りにする。じゃこは味をみて、塩辛いようなら熱湯をかけて塩抜きして、水けをきる。
❷卵をときほぐし、塩少々（分量外）を加えてまぜる。
❸フライパンにサラダ油を熱し、卵を半熟状にいため、桜えび、じゃこ、ごまを加えていため合わせる。
❹ごはんを加えて強火でいため、パラリとしたら、しょうゆ、和風だしのもと、塩、こしょうで調味し、万能ねぎを加えてひとまぜする。

レシピ **481** 高菜漬けの塩辛さをみて味つけに調節を

高菜チャーハン

材料（2人分）
ごはん茶わん3杯弱　高菜漬け100g　ちりめんじゃこ40g　ねぎ½本　しょうが¼かけ　塩少々　しょうゆ小さじ1〜1½　サラダ油大さじ⅔　ごま油大さじ½

作り方
❶高菜漬けは洗って水けをしぼり、あらみじんに切る。塩けが強い場合は、水につけて15〜20分おき、水けをしっかりしぼる。フライパンを火にかけ高菜漬けを入れ、2〜3分からいりする。
❷ねぎ、しょうがはみじん切りにする。
❸中華なべを熱してサラダ油とごま油を入れ、香りが立ったらじゃこと②を加えていためる。
❹ごはんを加えてほぐしながらいため、①を加え、味をみて塩、しょうゆで調味する。（高城）

レシピ **482** 梅干しのほどよいすっぱさで食欲増進

梅かまチャーハン

材料（2人分）
ごはん茶わん3杯弱　梅干し（大）2個　かまぼこ60g　青じそ4枚　万能ねぎ4本　削り節½パック　砂糖、酒各大さじ¼　塩、しょうゆ各適量　サラダ油大さじ1

作り方
❶梅干しは種を除いて包丁でたたき、砂糖、酒と合わせまぜる。
❷かまぼこは7〜8㎜角に切る。青じそはせん切りにして水にさらし、水けをきる。万能ねぎは小口切りにする。
❸中華なべにサラダ油を熱し、ごはんを入れてほぐしながらいためる。かまぼこを加えいため合わせ、削り節を加えてまぜる。
❹①、青じその半量、万能ねぎを加えてさらにいため、味をみて塩、しょうゆでととのえる。器に盛り、残りの青じそをのせる。（高城）

レシピ **483** 明太子をごはんにまんべんなくからめて

明太子バターライス

材料（2人分）
ごはん茶わん2杯強　からし明太子½腹　にんにく½かけ　玉ねぎ⅛個　マヨネーズ大さじ½　パセリ適量　塩、こしょう各少々　しょうゆ小さじ½　バター大さじ1

作り方
❶明太子は皮を除いてほぐし、にんにく、玉ねぎはあらみじんに切る。
❷フライパンにバターをとかし、にんにく、玉ねぎをいためる。
❸②にごはんを加えてほぐすようにいため、明太子、マヨネーズを加えてまぜる。塩、こしょうで調味し、しょうゆをなべ肌から回し入れ、器に盛り、パセリをちぎって散らす。（岩﨑）

おかずのボリュームが足りないときは、ごはんに乾物や漬け物、残り野菜などを加えてひとまぜ。あっという間に満足感のある献立になります。

まぜごはん

64円

献立ヒント レシピ323＋レシピ378

レシピ 484

梅干しの酸味と青じその香りがさわやか

梅干し、青じそ、ごまのまぜごはん

材料（2人分）

ごはん茶わん2杯分　梅干し2個　青じそ6枚　いり白ごま大さじ1

作り方

❶梅干しは種をとり、果肉を手で細かくちぎる。青じそは手で小さくちぎる。

❷ごはんに①をさっくりとまぜ、ごまを散らす。（上村）

87円

献立ヒント レシピ145＋レシピ384

レシピ 486

あたたかいごはんにバターをのっけて

たくあん、じゃこ、バターのまぜごはん

材料（2人分）

ごはん茶わん2杯分　たくあん50g　ちりめんじゃこ大さじ3　バター大さじ1

作り方

❶たくあんは2㎝長さの細いせん切りにし、じゃこはフライパンで香ばしくからいりする。

❷ごはんにバターを加えてまぜ、①をさっくりとまぜる。（上村）

114円

献立ヒント レシピ241＋レシピ383

レシピ 485

焼き鮭と漬け物の塩け具合で味かげんして

塩鮭、しば漬けのまぜごはん

材料（2人分）

ごはん茶わん2杯分　甘塩鮭1切れ　しば漬け50g　青じそ1枚

作り方

❶鮭は焼いて皮と骨を除き、あらくほぐす。しば漬けは刻む。

❷ごはんに①をさっくりとまぜ、茶わんに盛って青じそのせん切りをのせる。（上村）

レシピ **487** 食欲が落ちたときはさっぱり系ごはんで

あじときゅうりのまぜごはん

材料（4人分）
ごはん米2カップ分　あじの干物2枚　きゅうり1本　セロリ½本　卵1個　塩少々　A（みそ大さじ2　みりん大さじ1）

作り方
❶あじは焼いて骨とかたいところを除き、あらくほぐす。きゅうりとセロリは小口切りにし、塩を振って15分ほどおき、しんなりしたら水けをしぼる。
❷フッ素樹脂加工のフライパンにとき卵を入れて弱火にかけ、手早くまぜてこまかいいり卵を作る。
❸Aをよくまぜてごはんにまぜ、①、②を入れてさっくりとまぜる。（重信）

レシピ **488** 漬け物のカリカリした歯ざわりが楽しい

ちくわ、らっきょう、万能ねぎのまぜごはん

材料（2人分）
ごはん茶わん2杯分　ちくわ2本　らっきょう4個　万能ねぎ2本

作り方
❶ちくわ、らっきょう、万能ねぎは小口切りにする。
❷ごはんに①をさっくりとまぜる。（上村）

レシピ **489** ごはんにカレーソースと具をまぜるだけ

オクラとハムのカレーまぜごはん

材料（4人分）
ごはん茶わん6杯分　オクラ8本　ハム6枚　A（バター大さじ2　カレー粉大さじ1½〜2　酢大さじ4　砂糖小さじ2　塩小さじ½　こしょう少々）　塩少々　サラダ油小さじ1

作り方
❶オクラは塩もみし、熱湯でさっとゆでてざるに上げ、あら熱がとれたら薄い小口切りにする。
❷ハムは1.5㎝角に切り、サラダ油でさっといためる。
❸耐熱容器にAを入れ、ラップをして電子レンジで1分加熱する。
❹ごはんに①、②を加え、③を回しかけ、さっくりとまぜ合わせる。器にあればサニーレタスを敷き、ごはんを盛る。（浦上）

レシピ **490** チャーシューがなければハムやベーコンでも

きゅうりとチャーシューとザーサイのまぜごはん

材料（2人分）
ごはん茶わん2杯分　チャーシュー80g　ねぎ、きゅうり各½本　ザーサイ30g　A（豆板醤大さじ½　ごま油大さじ½弱　チャーシューのたれ大さじ1）

作り方
❶チャーシューは細切りにする。ねぎはあらみじんに、きゅうりは5㎜角に切る。ザーサイは水につけて塩抜きし、みじん切りにする。
❷ごはんにAを加えてまぜ、①も加えまぜ合わせる。（高城）

どんぶり・ワンプレート

残ったおかずや半端な食材と、ごはんを１つの器にのっけてしまえば、ボリュームも彩りも豊かな一品に。休日の昼ごはんにぴったり。

レシピ 491

豪快にまぜながら食べるとおいしさUP！

タコライス 目玉焼きのっけ

材料（2人分）
ごはん茶わん2杯分　豚ひき肉100g　トマト½個　レタス2枚　卵2個　A（にんにくのみじん切り少々　砂糖、しょうゆ各大さじ1　こしょう少々）　サラダ油大さじ1½

作り方
1. トマトは1cm角に切る。レタスはせん切りにする。
2. フライパンにサラダ油大さじ½を熱し、ひき肉をカリカリにいため、Aを加えて汁けがなくなるまでいためる。
3. フライパンにサラダ油大さじ1を熱し、卵を好みの加減の目玉焼きに焼く。
4. 器にごはんを盛り、①、②、③をのせる。（検見﨑）

101円

献立ヒント　レシピ467＋レシピ521

レシピ 492

肉に調味料をからめて味をなじませて

キャベツと鶏肉のみそいため丼

材料（4人分）
ごはん茶わん4杯分　キャベツ¼個　鶏もも肉1枚　A（みそ大さじ3　砂糖大さじ2　酒大さじ1）　サラダ油大さじ1

作り方
1. キャベツは2～3cm大のざく切りにする。鶏肉は1cm厚さ、一口大のそぎ切りにする。
2. フライパンにサラダ油を熱し、中火で鶏肉を5～6分いためる。肉がこんがりとしてきたら、まぜ合わせたAを加えていため、全体に味がなじんだらキャベツを加え、ひといためする。
3. 器にごはんを盛り、②をのせる。（検見﨑）

86円

献立ヒント　レシピ419＋レシピ524

レシピ **494** Wのネバネバ食材がごはんにからむ

オクラと長いものトロトロ丼

材料（2人分）
ごはん茶わん2杯分　オクラ6本　長いも200g　めんつゆ大さじ2　焼きのり適量　塩少々

作り方
❶オクラは塩少々（分量外）を振ってもみ、熱湯でさっとゆでる。水にとって冷まし、水けをきる。包丁で細かくたたき、めんつゆの半量をまぜる。
❷長いもはすりおろし、残りのめんつゆと塩を加えてまぜる。
❸器にごはんを盛り、②、①を順にのせ、焼きのりを細切りにしてのせる。（高城）

レシピ **493** 食欲がなくてもサラッと食べられる

しらすおろし丼

材料（2人分）
ごはん茶わん2杯分　しらす干し40g　大根おろし50g　万能ねぎ2本　しょうゆ（またはポン酢じょうゆ）適量

作り方
❶しらす干しはざるに入れて熱湯をかけ、水けをきる。万能ねぎは小口切りにする。
❷器にごはんを盛って万能ねぎを散らし、大根おろし、しらす干しを順にのせる。食べるときにしょうゆをかける。（高城）

レシピ **496** 特売品でもたれに漬け込めばグンとおいしく

まぐろのづけ丼

材料（2人分）
ごはん茶わん2杯分　まぐろ（刺し身用）140g　あさつき2本　切り白ごま小さじ1　A（しょうゆ、煮切りみりん各大さじ2）

作り方
❶まぐろは3～4㎜厚さに切り、まぜ合わせたAにつけておく。
❷①に、小口切りのあさつきとごまを加えてまぜ、ごはんにのせ、あればせん切りのきゅうりとみょうがをのせる。（高城）

レシピ **495** 油揚げはこんがり焼いて食感をアップ

焼き油揚げのせとろろ丼

材料（4人分）
ごはん茶わん4杯分　山いも270g　油揚げ1枚　削り節ひとつかみ　しらす干し大さじ3～4　万能ねぎの小口切り2～3本分　おろししょうが、しょうゆ各適量

作り方
❶フライパンを熱し、油揚げを両面こんがり焼く。削り節はからいりしてカリカリにする。
❷器にごはんを盛り、おろした山いも、おろししょうがをのせる。油揚げは手でちぎってのせ、削り節、しらす干しものせる。万能ねぎを散らし、しょうゆをかける。（井澤）

レシピ **497** レンジ蒸しの鶏胸肉で食べごたえ満点

蒸し鶏ビビンバごはん

材料（2人分）
ごはん茶わん2杯分　鶏胸肉1枚　ねぎ2cm　しょうがの薄切り1枚　きゅうり1本　ねぎのみじん切り小さじ1　A（塩小さじ¼　ごま油小さじ1）　カクテキキムチ、温泉卵各適量　酒大さじ1　塩小さじ¼　ごま油小さじ1

作り方
❶鶏肉は耐熱皿に入れて塩少々（分量外）と酒を振り、ねぎ、しょうがをのせてラップをかけ、電子レンジで約3分加熱する。熱いうちにAをまぶしてラップで包み、冷めたら細切りにする。
❷きゅうりは薄い小口切りにし、塩を振ってもみ、水けをしぼる。ごま油を熱してきゅうりをいため、ねぎのみじん切りを加えてさっといためる。
❸器にごはんを盛り、①、②、カクテキキムチ、温泉卵をのせ、好みでコチュジャンを添える。（高城）

レシピ **498** 定番の煮物をごはんにのせてブランチに

肉どうふ丼

材料（2人分）
ごはん茶わん2杯分　豚肩ロース肉100g　絹ごしどうふ1丁　ねぎ1本　えのきだけ1パック　A（だし1～1½カップ　酒大さじ1　しょうゆ大さじ2½　砂糖大さじ1½）

作り方
❶豚肉は一口大に切り、とうふは8つに切る。ねぎは1cm幅の斜め切りにし、えのきだけは根元を切り落としてほぐす。
❷なべにAを煮立てて肉を入れ、再び煮立ったらとうふ、ねぎ、えのきだけを加え、弱めの中火で3～4分煮る。
❸器にごはんを盛り、②をのせる。好みで七味とうがらしを振る。（高城）

レシピ **499** 揚げ玉でボリュームも満足感もアップ

揚げ玉入り卵丼

材料（4人分）
ごはん茶わん大盛り4杯分　とき卵8個分　ねぎ2本　揚げ玉大さじ8　三つ葉8本　A（だし2カップ　しょうゆ、みりん各大さじ4）

作り方
❶ねぎは斜め薄切りにする。三つ葉はざく切りにする。
❷フライパンにAとねぎを入れ、強火で煮立てる。ねぎがやわらかくなったら揚げ玉を加え、とき卵を回しかける。強火のまま半熟になるまで煮る。早く火を通したいときは、蓋をする。
❸②に三つ葉を散らし、器に盛ったごはんに煮汁ごとかける。（瀬尾）

そば・うどん

買いおきの乾めんや特売品のゆでめんに、在庫野菜などをうまく組み合わせて。「温」でも「冷」でもおいしくいただけます。

88円

献立ヒント レシピ406＋レシピ529

レシピ 500

めんに油をからめてからいためるのがコツ

そうめんチャンプルー

材料（4人分）
そうめん4わ（200g） もやし½袋 にら1束 にんじん5㎝分 ツナ（小）1缶 しょうがのみじん切り1かけ分 削り節2袋（10g） しょうゆ大さじ1½ 塩少々 黒こしょう適量 ごま油大さじ2

作り方

❶そうめんは袋の表示より少しかために ゆで、冷水でよく洗ってぬめりをとり、水けをきる。ごま油の半量を回しかけ、全体にからめる。

❷にらは3～4㎝長さのざく切り、にんじんはせん切りにする。ツナは缶汁をきってほぐす。

❸熱したフライパンに残りのごま油を入れてしょうがをいため、香りが出たらにんじん、もやし、にらの順に加えいためる。

❹ツナと①を加え、菜箸でほぐしながら全体をいため、塩、黒こしょう、しょうゆで調味し、火を止めて削り節を入れてひとまぜする。器に盛り、黒こしょうをかける。（植松）

143円

献立ヒント レシピ417＋レシピ470

レシピ 501

濃いめのだしで風味豊かなあったかめん

かまぼことしめじのにゅうめん

材料（2人分）
そうめん150g かまぼこ¼本 しめじ½パック 三つ葉4本 万能ねぎ3本 A（濃いめのだし1½カップ しょうゆ大さじ½ みりん小さじ1 塩小さじ½強） 塩少々

作り方

❶かまぼこは4枚に切る。しめじはほぐして耐熱皿に入れ、塩を振って電子レンジでしんなりするまで加熱する。三つ葉は2本ずつ結び、万能ねぎは小口切りにする。

❷そうめんはたっぷりの熱湯でかためにゆで、水洗いし、水けをきる。

❸Aを煮立て、②を加えてあたためる。器に盛り、①をのせる。（高城）

レシピ **502** 具は在庫の食材を自由に組み合わせて

五目野菜入り焼きうどん

材料（2人分）
ゆでうどん2玉　豚薄切り肉50g　キャベツ2枚　ゆでたけのこ25g　にんじん⅙本　ピーマン1個　しいたけ2枚　オイスターソース大さじ1～2　塩、こしょう各少々　サラダ油大さじ1

作り方
❶豚肉と野菜は食べやすく切る。
❷フライパンにサラダ油の半量を熱し、①の肉と野菜をいためる。残りのサラダ油を足し、うどんを加えていため合わせ、オイスターソース、塩、こしょうで調味する。

レシピ **503** キャベツにだしがじんわりしみておいしい

キャベツと鶏の煮込みうどん

材料（4人分）
ゆでうどん4玉　キャベツ5～6枚　鶏もも肉1枚　ねぎ¼本　しょうが1かけ　A（だし6カップ　しょうゆ、みりん、酒各120mℓ）

作り方
❶Aはなべに入れて煮立てる。
❷キャベツは芯を除いてざく切りにし、鶏肉は食べやすく切り、ねぎは斜め切りにする。しょうがは薄切りにする。
❸煮立った①に②を加え、約5分煮る。
❹さっと洗ったうどんを加えて5～10分煮る。（瀬尾）

レシピ **504** 卵をからめただけでとろとろのおいしさ

かま玉うどん

材料（4人分）
ゆでうどん4玉　卵4個　A（おろししょうが2かけ分　万能ねぎの小口切り、削り節、すり白ごま各適量）　B（だし½カップ　しょうゆ¼カップ）

作り方
❶うどんは袋の表示に従ってゆで、水けをきる。
❷ボウルに卵をとき、①を加えて手早くまぜる。
❸②を器に盛り、Aをのせ、まぜ合わせたBをかける。（栗山）

レシピ **505** とろみのついたカレーだしが食欲を刺激

なべ焼きカレーうどん

材料（4人分）
ゆでうどん4玉　豚薄切り肉150g　にんじん1/2本　ねぎ1本　A（めんつゆ＜ストレートタイプ＞1ℓ　カレー粉大さじ1）　B（かたくり粉大さじ1　水大さじ2）

作り方
❶にんじんは短冊切り、ねぎは斜め薄切りにする。豚肉は食べやすい大きさに切る。
❷Aと①をなべに入れ、にんじんがやわらかくなるまで煮る。
❸②にBの水どきかたくり粉を少しずつ加え、とろみをつける。うどんを加えてあたためる。器に盛り、あれば揚げ玉、小口切りのねぎをのせる。（瀬尾）

レシピ **506** のどごしがよくて食欲のない日におすすめ

チンゲンサイと納豆のあえそば

材料（2人分）
そば（乾めん）150g　チンゲンサイ1株　ひき割り納豆1½パック　焼きのり、めんつゆ各適量　塩少々

作り方
❶チンゲンサイは根元から1枚ずつはがして洗う。塩ゆでして水にとり、しぼって5mm角に刻む。
❷①と納豆を合わせ、添付の納豆のたれ（めんつゆでも）であえる。
❸そばはたっぷりの熱湯でゆでて水にとり、水けをきって1人分ずつ器に盛る。
❹③に②をのせ、刻んだのりを散らす。味が薄ければめんつゆを加える。

レシピ **507** ごまマヨ入りの特製だれがよく合う

かにかまと水菜のサラダそば

材料（4人分）
そば（乾めん）300g　かに風味かまぼこ100g　水菜150g　A（すり白ごま大さじ3　マヨネーズ大さじ2　おろしわさび適量）　めんつゆ（つけつゆ程度に薄めたもの）2カップ　刻みのり少々

作り方
❶Aをまぜ合わせ、めんつゆを少しずつ加え、ときまぜる。
❷水菜は5cm長さに切り、水に放して水けをふく。かにかまはほぐす。
❸そばはゆでて、冷水にとって水けをきり、水菜と合わせて器に盛る。
❹かにかま、のりをのせ、①を好みにかける。（今泉）

焼きそば・パスタ

子どもも大人も大好きな焼きそば&パスタ。食材や味つけをいろいろ組み合わせれば、バリエの幅がどんどん広がります。

レシピ **508**

目玉焼きと福神漬けが新鮮な横手名物そば

目玉焼きのせ焼きそば

材料（4人分）
焼きそば用蒸しめん4玉　豚ひき肉200g　キャベツ250g　A（ウスターソース大さじ2　めんつゆ<3倍濃縮タイプ>大さじ4　水180mℓ　酒大さじ8　塩、こしょう各少々）　卵4個　塩、こしょう各少々　サラダ油大さじ2½

作り方
1. キャベツは2〜3cm大のざく切りにする。Aはまぜておく。
2. フライパンにサラダ油大さじ1を熱し、卵を割り入れて目玉焼きを作り、とり出しておく。
3. フライパンにサラダ油大さじ½、ひき肉を入れていためる。キャベツを加えていため、塩、こしょうを振って一度とり出す。
4. ③のフライパンにサラダ油大さじ1を足し、蒸しめんと水少々を加えてほぐしながらいためる。③を戻し、½量のAを加えて水分がなくなるまでいためる。
5. 残りのAを加え、少し汁けが残る状態で器に盛る。②の目玉焼きをのせ、あれば福神漬けを添える。（吉田）

レシピ **510**

ねぎのシャキシャキ感がアクセント

ウインナ入りもやし焼きそば

材料（4人分）
中華蒸しめん3玉　ウインナソーセージ6本　もやし½袋　ねぎ1本　しょうがのせん切り1かけ分　A（酒大さじ1　鶏がらスープのもと、塩各小さじ½　黒こしょう少々）　サラダ油大さじ1½

作り方
1. 蒸しめんは耐熱皿に入れ、ラップをして電子レンジで4分加熱する。ウインナは斜めに5mm厚さに切る。ねぎは斜め切りにする。
2. フライパンにサラダ油を熱し、しょうが、ねぎ、ウインナを順にいため、もやしを加えて30秒いためたら①のめんを加え、Aで調味する。（今泉）

レシピ **509**

シンプルなレシピでも本格的な中華味

レタスと豚ひき肉のシャキシャキ焼きそば

材料（4人分）
中華蒸しめん4玉　レタス（小）1個　豚ひき肉300g　A（酒、オイスターソース各大さじ2　塩小さじ⅔　こしょう少々）　サラダ油大さじ1

作り方
1. レタスは大きめの一口大にちぎる。
2. 蒸しめんは耐熱皿にのせ、ラップをかけて電子レンジで2〜3分加熱する。
3. フライパンにサラダ油を入れて中火にかけ、ひき肉をほぐしながらいため、②を加えて1〜2分いためる。
4. Aと①を加えていため合わせ、レタスがしんなりするまで1〜2分いためる。（重信）

レシピ **511** トマトの酸味とうまみが凝縮した本格派

トマトソーススパゲッティ

材料（2人分）
スパゲッティ150g　にんにく½かけ　玉ねぎ¼個　トマト水煮缶400g　ローリエ1枚　塩小さじ¼　オリーブ油大さじ½

作り方
❶にんにく、玉ねぎはみじん切りにし、オリーブ油でいため、透き通ったらトマトを汁ごと加えてつぶしながらまぜる。
❷①にローリエを加え、煮立ったらアクをとり、弱火にして塩を加え、まぜながら10～12分煮る。
❸約1.5ℓの湯を沸かして塩小さじ2強（分量外）を加え、スパゲッティを入れて袋の表示時間より30秒～1分ほど短めに、少し芯が残るくらいにゆで、水けをきる。器に盛り、②をかけ、あればバジルを添える。（高城）

レシピ **512** ピリ辛味のペペロンチーノ風メニュー

ウインナとキャベツのスパゲッティ

材料（4人分）
スパゲッティ320～400g　ウインナソーセージ8本　キャベツ¼個　にんにく2かけ　赤とうがらし1本　塩、こしょう各少々　バター大さじ4

作り方
❶水4ℓを沸騰させ塩40g（分量外）を加え、スパゲッティをかためにゆでる。
❷キャベツは3㎝の角切りに、ウインナは斜め薄切りにする。にんにくはみじん切りに、とうがらしは輪切りにする。
❸フライパンを熱してバターをとかし、にんにく、とうがらしをいためる。香りが出たらウインナ、キャベツを加え、中火でしんなりするまでいためる。
❹ゆで上がったスパゲッティをざるに上げ、水けをきってなべに戻し、③とゆで汁100㎖を加え、強火にかけてまぜる。味をみて塩、こしょうでととのえる。（瀬尾）

レシピ **513** 粉チーズ入りのとき卵をしっかりからめて

卵とブロッコリーのスパゲッティ

材料（4人分）
スパゲッティ320g　卵4個　ブロッコリー1個　粉チーズ大さじ4　塩、こしょう各少々　バター大さじ2

作り方
❶ブロッコリーは小さめの小房に分けて、さっとゆでる。
❷スパゲッティは袋の表示どおりにゆでる。
❸卵はときほぐし、粉チーズを加えてよくまぜる。
❹フライパンにバターをとかして①をいため、ゆで上がった②とゆで汁少々を加える。
❺③を流し入れて弱火で火を通し、塩、こしょうで味をととのえ、卵が固まり始めたら火を止める。（藤野）

レシピ **514** マカロニ入りだから食べごたえたっぷり

ミネストローネ

材料（4人分）
トマト、じゃがいも、ピーマン各2個　セロリ1本　玉ねぎ1個　ベーコン2枚　マカロニ120g　粉チーズ大さじ1⅓　スープ4カップ　塩、こしょう各少々　サラダ油適量

作り方
❶野菜、ベーコンは1cm角に切る。マカロニはゆでる。
❷なべにサラダ油を薄くひいて①をいため、スープを加える。煮立ったら塩、こしょうで調味し、器に盛り粉チーズをかける。（浜内）

155円　献立ヒント　レシピ10＋レシピ413

レシピ **515** トロリとした半熟卵がくせになりそう

落とし卵のスープにんにく風味

材料（2人分）
卵2個　玉ねぎ¼個　じゃがいも½個　にんにくのみじん切り¼かけ分　固形スープ½個　A（酒大さじ1　塩少々）　パセリのみじん切り少々　バター大さじ¼

作り方
❶玉ねぎは薄切り、じゃがいもはいちょう切りにする。
❷なべにバターとにんにくを入れていため、水2¼カップ、固形スープ、①を加えて煮る。
❸Aで調味し、卵を1個ずつ割り入れて一煮し、パセリを散らす。（伊藤）

40円　献立ヒント　レシピ5＋レシピ379

35円　献立ヒント　レシピ55＋レシピ454

レシピ **516** 在庫の一掃メニューにも重宝します

具だくさんのにんにく風味スープ

材料（2人分）
じゃがいも1個　玉ねぎ¼個　にんじん⅙本　にんにく½かけ　A（固形スープ½個　酒大さじ1）　塩、こしょう各少々　サラダ油大さじ½

作り方
❶じゃがいも、玉ねぎは一口大に切り、にんじんはいちょう切り、にんにくはみじん切りにする。
❷サラダ油でにんにくをいため、香りが立ったらじゃがいも、玉ねぎ、にんじんを加えていため、水1½カップとAを加えて煮立てる。
❸アクをとったら、じゃがいもがやわらかくなるまで煮て、塩、こしょうで味をととのえる。器に盛って、あればあらびき黒こしょう、万能ねぎの小口切りを散らす。（今泉）

レシピ **517** クリームコーン缶で作るやさしい味わい

ハムのコーンクリームスープ

材料（4人分）
クリームコーン缶1缶（410g）　ハム3枚　A（顆粒スープ、塩各小さじ½）　牛乳1カップ

作り方
❶ハムは1cm角に切る。
❷なべにAと水1カップを入れて煮立てて①を入れ、クリームコーン缶と牛乳も加え、煮立つ直前に火を止める。（森）

32円　献立ヒント　レシピ45＋レシピ467

レシピ 518 カレー風味とかぼちゃの甘みが絶妙

かぼちゃのカレーミルクスープ

材料（2人分）
かぼちゃ（皮をむいて）150g　固形スープ¼個　カレー粉小さじ⅓　牛乳½カップ　パセリのみじん切り、塩各少々

作り方
❶かぼちゃは角切りにしてラップで包み、電子レンジで2分加熱してつぶす。
❷なべに①と水1カップ、固形スープを入れて火にかけ、煮立ったらカレー粉、牛乳を加えて一煮立ちさせる。
❸塩で味をととのえ、器に盛り、パセリを散らす。（岩崎）

15円　献立ヒント　レシピ158＋レシピ170

レシピ 519 捨てがちな部分を使ってごちそう風スープに

しいたけの軸のクリームスープ

材料（4人分）
しいたけの軸8個分　玉ねぎ¼個　にんにく1かけ　小麦粉大さじ2　固形スープ1個　ローリエ1枚　牛乳1カップ　A（ナツメグ、塩、こしょう各少々）　バター大さじ1

作り方
❶しいたけの軸は縦に薄切り、玉ねぎ、にんにくも薄切りにする。
❷なべにバターをとかして①をいためる。しんなりしたら小麦粉を振り入れ、さらにいためる。
❸湯2カップと固形スープ、ローリエを加えてまぜ、煮立ったら弱火にして4～5分煮る。Aで味をととのえ、牛乳を加えて一煮して器に盛り、好みでパセリを散らす。（検見﨑）

11円　献立ヒント　レシピ186＋レシピ384

レシピ 520 かための外葉はしっかり煮てやわらかく

白菜の外葉のスープ

材料（4人分）
白菜の外葉3～4枚　固形スープ1½個　塩、こしょう各少々　サラダ油大さじ½

作り方
❶白菜の外葉は一口大のざく切りにする。
❷なべにサラダ油を熱して①をいため、しんなりしてきたら、湯3カップと固形スープを加える。
❸煮立ったら、塩、こしょうで味をととのえる。（検見﨑）

6円　献立ヒント　レシピ11＋レシピ398

レシピ 521 冷たいさっぱりスープは食欲がない日に◎

ヨーグルトスープ

材料（2人分）
プレーンヨーグルト1カップ　玉ねぎ½個　固形スープ¼個　きゅうり⅓本　青じそ2枚　梅肉1個分　塩、こしょう各少々　サラダ油大さじ⅔

作り方
❶玉ねぎはせん切りにする。きゅうりは小口切り、青じそはせん切りにする。
❷なべにサラダ油を熱し、玉ねぎをいため、しんなりしたら水1カップ、固形スープを加えて蓋をし、10分ほど煮る。ミキサーにかける。
❸②にヨーグルトを加え、塩、こしょうで調味して冷やす。きゅうり、青じそ、梅肉を添えて、器に盛る（岩崎）

80円　献立ヒント　レシピ492＋レシピ400

メインおかずが中華だったら、スープも中華で合わせましょう。
鶏がらスープのもとやごま油を使うと、いつもの具材で作れます。

中華スープ

レシピ **522** 絹さやのかわりにねぎやわかめでも

中華コーンスープ

材料（4人分）
クリームコーン缶（中）1缶（190g）　卵2個　A（水1カップ　鶏がらスープのもと小さじ1　酒大さじ1）
絹さや8枚　牛乳1½カップ　塩、こしょう各少々

作り方
❶絹さやは筋をとって斜め半分に切る。
❷なべにコーン、A、①を入れて沸騰させたら牛乳を加えてあたため、塩、こしょうで調味し、ときほぐした卵を回し入れる。（吉田）

38円　献立ヒント　レシピ298＋レシピ405

レシピ **523** はるさめがスープを吸っておいしい

チンゲンサイとはるさめのスープ

材料（2人分）
チンゲンサイ1株　はるさめ適量　固形スープ½個
卵1個　A（しょうゆ、塩、こしょう各少々）

作り方
❶チンゲンサイは1枚ずつはがし、大きいものは2〜4つ割りにする。はるさめはもどす。
❷なべに湯2カップを煮立て、固形スープを入れ、チンゲンサイを煮る。
❸ほぼ火が通ったらはるさめを加え、Aで味をつけ、最後にとき卵を回し入れる。

45円　献立ヒント　レシピ48＋レシピ380

レシピ **524** ほんのりとした酸味が食欲をそそる

トマトと卵のスープ

材料（4人分）
トマト（大）1個　卵２個　ねぎ少々　A（中華スープのもと１個　薄口しょうゆ、酒各大さじ１　酢大さじ1½）

作り方
❶トマトは皮を湯むきし、くし形に切る。
❷なべに水３カップを煮立ててAを加え、①を入れてさっと煮る。卵をときほぐして回し入れ、ねぎの薄い小口切りを散らす。（杵島）

31円　献立ヒント　レシピ13＋レシピ383

レシピ **525** 卵が浮いてきたら火を止めてでき上がり！

ねぎたっぷりかき玉スープ

材料（2人分）
ねぎ½本　卵１個　貝割れ菜½パック　鶏がらスープ1½カップ　A（しょうゆ、酒、みりん各小さじ½　塩小さじ½弱）　かたくり粉小さじ１

作り方
❶ねぎは3㎝長さのせん切りにし、貝割れ菜は根元を切り落とし、半分に切る。
❷鶏がらスープにねぎを入れて煮立て、弱火にして貝割れ菜を加え、Aで調味し、同量の水でといたかたくり粉を入れてとろみをつける。ときほぐした卵を回し入れる。（間野）

45円　献立ヒント　レシピ18＋レシピ386

レシピ **526** 豆板醤を加えて和風スープをアレンジ

とうふのピリ辛みそ汁

材料（2人分）

とうふ¼丁　にら⅛束　大根、にんじん各1.5㎝　豆板醤小さじ½　だし1½カップ　A（みそ大さじ1　酒小さじ½　塩、こしょう各少々）　卵½個分　かたくり粉小さじ1　ごま油大さじ½

作り方

❶とうふは1.5㎝の角切りにする。にらはざく切り、大根とにんじんは拍子木切りにする。

❷なべにごま油を熱し、大根とにんじん、豆板醤を入れていため、だしとAを加えて１～２分煮る。とうふ、にらを加え、同量の水でといたかたくり粉、とき卵を回し入れる。（今泉）

35円　献立ヒント　レシピ43＋レシピ280

レシピ **527** ごま油の風味と豆板醤の辛みをきかせて

ブロッコリーの茎の中華スープ

材料（4人分）

ブロッコリーの茎１個分（60g）　にんにくの薄切り4～5枚　豆板醤小さじ½　固形スープ1個　塩、こしょう各少々　ごま油大さじ½

作り方

❶ブロッコリーの茎は1～2㎜厚さの輪切りにする。

❷なべにごま油を熱してにんにくをいため、香りが立ったら①を加えていためる。

❸豆板醤を加えてさっといため、湯3カップと固形スープを加えて一煮し、塩、こしょうで味をととのえる。（検見﨑）

1円　献立ヒント　レシピ104＋レシピ257

レシピ **528** 白菜キムチは具に、味だしに大活躍

もやしのごまキムチスープ

材料（2人分）

もやし、白菜キムチ各50g　鶏がらスープのもと少々　すり白ごま大さじ1　しょうゆ小さじ1　塩少々

作り方

❶キムチは食べやすく切る。

❷なべに水1½カップと鶏がらスープのもとを入れて煮立て、もやし、①、しょうゆを加えてさっと煮る。

❸味をみて塩でととのえ、仕上げにごまを振る。（岩﨑）

37円　献立ヒント　レシピ114＋レシピ375

レシピ **529** うまみのあるザーサイは少量でも味だしに

大根とザーサイのスープ

材料（4人分）

味つきザーサイ40g　大根5㎝　万能ねぎの小口切り適量　A（酒大さじ1　鶏がらスープのもと小さじ1）　B（しょうゆ小さじ1　塩、こしょう各少々）　ごま油大さじ1

作り方

❶大根は皮をむいて細切りに、ザーサイは1㎝幅に切ってせん切りにする。

❷なべにごま油を熱して大根をいため、ザーサイ、水4カップ、Aを加えて一煮し、Bで調味する。器に盛り、万能ねぎを散らす。（今泉）

12円　献立ヒント　レシピ6＋レシピ390

野菜、魚、肉を使った、具たっぷり&栄養満点のお吸い物&みそ汁。朝食なら白いごはんと合わせるだけで十分なものばかりです。

和風スープ

レシピ **530** まいたけの風味がしっかりきいている

卵とまいたけのお吸い物

材料（4人分）
卵2個　まいたけ½パック　A（酒、みりん各大さじ1　塩小さじ1）　だし4カップ

作り方
1. なべにだしを注ぎ、Aを加えて煮立てる。
2. まいたけは手でちぎり、①に加える。
3. ときほぐした卵を少しずつ加えてさっと火を通す。

（森）

26円　献立ヒント　レシピ17＋レシピ427

レシピ **531** ピーラーで薄くむけば加熱時間も短縮

ピラピラ野菜のみそ汁

材料（4人分）
大根200g　にんじん40g　ツナ缶1缶（160g）　レタス（大）1枚　みそ大さじ4　だし4カップ

作り方
1. 大根とにんじんはピーラーでリボン状に削る。
2. なべにだしを入れて煮立て、①、缶汁をきったツナを入れて再び煮立ったら、みそをとき入れる。
3. レタスを手でちぎって加え、煮立つ直前に火を止める。（重信）

45円　献立ヒント　レシピ3＋レシピ286

レシピ **532** ベーコンから出るうまみも風味もプラス

ブロッコリーと白菜のみそ汁

材料（4人分）
ブロッコリー⅓株　白菜（大）2枚　エリンギ1パック　ベーコン4枚　みそ大さじ4　だし4カップ

作り方
1. ブロッコリーは小房に分けて薄切りにする。白菜は軸と葉に分けてざく切りにする。エリンギは横半分にしてから縦薄切りに、ベーコンは2cm幅に切る。
2. なべにだしを入れて煮立て、白菜の軸を入れて1分ほど煮る。残りの①を入れて、葉がしんなりしてきたらみそをとき入れる。（重信）

37円　献立ヒント　レシピ121＋レシピ234

レシピ **533** 粘りのある食材はみそ汁の具にもマッチ

長いも、オクラ、納豆のみそ汁

材料（4人分）
長いも150g　オクラ1パック　なめこ1袋　納豆2パック　みそ大さじ4　だし4カップ

作り方
1. 長いもは皮をむいて4つ割りにし、ポリ袋に入れてめん棒などでたたいてあらくくずす。オクラは5mm幅に切る。
2. なべにだしを入れて煮立て、長いもを入れて2分煮る。オクラ、なめこ、納豆を加えたら、すぐにみそをとき入れる。（重信）

59円　献立ヒント　レシピ27＋レシピ341

レシピ **534** みそ汁に卵を落とせばボリュームアップ

巣ごもり風みそ汁

材料（4人分）
小松菜150ｇ　玉ねぎ（小）¼個　にんじん½本　卵4個　みそ大さじ4　だし4カップ

作り方
❶小松菜は4㎝長さに切る。玉ねぎは薄切りに、にんじんはせん切りにする。
❷なべにだしを入れて煮立て、①を入れ、すぐに卵4つを離して割り入れる。半熟状になるまで弱火で2〜3分煮て、みそをとき入れる。（重信）

23円　献立ヒント　レシピ23＋レシピ374

レシピ **535** 定番煮物の組み合わせがみそ汁でも

豚こまと切り干し大根のみそ汁

材料（4人分）
豚こまぎれ肉100g　切り干し大根60g　水菜50g　しいたけ4枚　みそ大さじ4　だし4カップ

作り方
❶切り干し大根は水につけてもどし、水けをきる。しいたけは軸を落として6等分に切り、水菜は4㎝長さに切る。
❷なべにだしを煮立て、肉をほぐしながら入れて煮る。アクをとり、水菜以外の①を加えて2分ほど煮立たせ、みそをとき入れ、水菜を加える。（重信）

55円　献立ヒント　レシピ35＋レシピ311

レシピ **536** 魚のあらが安く手に入ったら早速チャレンジ

里いもとこんにゃくのあら汁

材料（4人分）
魚のあら（鮭など）250g　里いも（小）8個　こんにゃく200g　万能ねぎ⅓束　塩小さじ⅓　A（だし4カップ　酒大さじ2）　みそ大さじ3強

作り方
❶あらは全体に塩を振って10分おき、熱湯をかけて水洗いする。
❷里いもは皮をむき、横半分に切る。こんにゃくは下ゆでして、手で一口大にちぎる。
❸なべでAを煮立て、②を加えて2〜3分煮る。①を加えて4〜5分煮て、味をみながらみそをとき入れる。器に盛り、万能ねぎの小口切りを散らす。（重信）

80円　献立ヒント　レシピ15＋レシピ410

レシピ **537** 洋風の定番スープをみそで和風に変身！

ミネストローネ風みそ汁

材料（4人分）
なす2個　キャベツ2枚　ミニトマト1パック　ホールコーン缶大さじ4　みそ大さじ4　だし4カップ　オリーブ油大さじ1½

作り方
❶なすは1.5㎝幅に切り、水にさらす。キャベツはざく切りに、ミニトマトはへたをとり、縦半分に切る。
❷なべにオリーブ油を熱し、なす、キャベツの順にいため、だし、ミニトマト、コーンを加えて一煮し、みそをとき入れる。（重信）

30円　献立ヒント　レシピ124＋レシピ395

青じそ

軸がつかる程度の水を入れたコップにさして冷蔵庫へ。水をまめにとりかえれば１週間はもつ。または、水でぬらしたペーパータオルなどで軸を包み、ポリ袋か密閉容器に入れてもよい。

白菜

冷蔵保存は、新聞紙に包んで野菜室に立てて保存。常温保存は、軽く湿らせた新聞紙で全体を包んでから、ポリ袋かスーパーのレジ袋に入れ、口を閉じて、風通しのよい冷暗所におく。

キャベツ

芯が養分を吸いすぎないように芯に十文字の切り目を入れ、ポリ袋かスーパーのレジ袋に入れて、芯の部分を下にして冷蔵庫の野菜室へ。カットされたものは、切り口をしっかりラップで包む。

もやし

買ったときに入っている袋に入れたまま、野菜室より温度の低い冷蔵室で保存。開封したら密閉容器に入れ、たっぷりの水をはって冷蔵室に。水は1日1回とりかえることを忘れずに。

最後までおいしく食べきる！

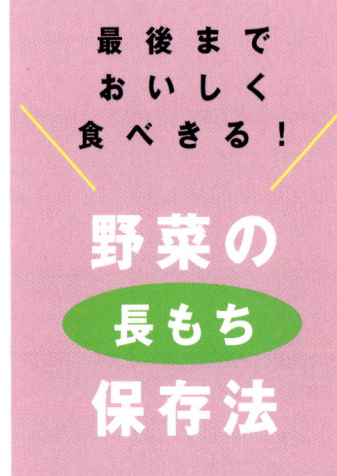

野菜の長もち保存法

レタス

水分を補給しながら保存するのがポイント。湿らせたペーパータオルなどで包み、ポリ袋かスーパーのレジ袋に入れて冷蔵庫の野菜室へ。セロリもこの方法で保存すると長もちする。

じゃがいも・玉ねぎ

常温で保存する野菜は、通気性にすぐれ、内部が周囲より2～3度低い素焼きの鉢に入れておくのがベスト。キッチンにおきっぱなしにするより、1週間～ 10 日は長もちする。

大根

水分が逃げないよう、買ったらまず葉を根元から切り落とす。白い部分は新聞紙に包んで冷蔵庫の野菜室か、冷暗所で保存する。葉は固ゆでしてから冷凍して、みそ汁などに。

ほうれんそう

葉の表面から水分が蒸発することで傷みが進むので、買ったときに入っていた袋か、ポリ袋に入れてから、野菜室に立てて保存。湿らせた新聞紙に包んでから袋に入れてもよい。

きのこ類

その他の野菜

漬け物・保存食

この本の使い方

● 材料は基本的に4人分です。レシピによって、2人分、作りやすい分量のものもあります。

● 表示した価格は1人分です（小数点以下切り捨て）。つけ合わせや基本調味料、油、小麦粉や米などの穀物類、にんにく、しょうがなどの香味野菜の分は加算されていません。食材の価格は首都圏の特売価格で算出しましたが、季節や地域によって多少異なります。

● 小さじ1は5㎖、大さじ1は15㎖、1カップは200㎖です。

● 電子レンジの加熱時間は、500 Wのものを使用したときの目安です。400 Wのものなら時間を2割増しに、600 Wなら2割減を目安に調整してください。なお、機種によって多少異なることもありますので、様子を見ながらかげんしてください。

● 野菜類は、特に表記のない場合は、洗う、皮をむくなどの作業をすませてからの手順を説明しています。

● だしは、こぶと削り節中心の和風だし（市販品でOK）です。スープは、顆粒または固形スープのもと（コンソメ、ブイヨンの名の市販品）でとった洋風だしです。

● 水どきかたくり粉は、かたくり粉1に対して水1の割合が一般的です。好みに合わせて割合をかげんしてください。

花菜

果菜

ねり物

乾物

野菜のおかず

いも

根菜

と う ふ

厚 揚 げ

油 揚 げ

納 豆

缶詰め・ねり物・乾物のおかず

缶 詰 め

● ツナ缶

● 魚介缶

● 大豆缶

● コーン缶

魚介のおかず

卵・大豆製品のおかず

一発検索！材料別 INDEX

材料項目内の料理名は50音順です。

肉・肉加工品のおかず

豚肉

● 豚薄切り肉
揚げ豚のピリ辛酢じょうゆ漬け……47
いんげんとチーズの肉巻き……45
エリンギの豚ロール トマト缶煮込み……10
キャベツと豚肉のみそいため……122
ケチャ甘酢しょうが焼き……42
五目野菜入り焼きうどん……182
さつまいもの豚巻きソテー……45
塩もみキャベツの肉巻きフライ……44
しそとみょうがの豚しゃぶ……50
じゃがいも入り豚肉のしょうが焼き……43
粒マスしょうが焼き……42
トマトのチーズ巻きフライ……128
長いもの肉巻き……141
なべ焼きカレーうどん……183
肉どうふ丼……180
にんじんと豚肉のきんぴら……138
ピーマン肉巻き揚げ……137
ひじき煮……170
ひらひらカツレツ……46
豚薄切り肉とかぶのオイスターソース……49
豚薄とエリンギのサンドカツ……47
豚薄と里いもの包み揚げ……47
豚薄とレタスのおろし煮……49
豚肉とキャベツの梅あえ……153
豚肉ときゅうりの納豆あえ……155
豚肉と切り干し大根のはりはり漬け……52
豚肉と小松菜のしょうが焼き……43
ほうれんそうの肉巻き照り焼き……126
マヨしょうが焼き……43
ゆで豚サラダ……51
ゆで豚といんげんのごまマヨあえ……53
ゆで豚と大根のサラダ……50
ゆで豚とほうれんそうのごまソース……51
ゆで豚のおかかじょうゆあえ……52
ゆで豚のもずくあえ……52
● 豚こまぎれ肉
油揚げと豚こまのみそいため……100
切り干し大根のしょうゆいため煮……117
じゃがいもと豚こまのザーサイきんぴら……133
シンプルゴーヤチャンプルー……9
大根と豚こまの中華いため……121
大根の葉と豚肉のピリ辛いため……165
玉ねぎ、豚肉、じゃがいものカレー煮……136
チンゲンサイと豚肉の塩いため……135
とうふの柳川風……92
長いもと豚肉のバターしょうゆいため……141
豚こま&せん切りポテトの一口カツ……9
豚こまと切り干し大根のみそ汁……191
豚こまと卵の甘辛煮……10
豚こまのソテー かぶおろしソース……10
豚肉のカリカリ揚げ ゆでもやしのっけ……8
豚肉の酢じょうゆ煮……53
豚肉とトマトのガーリックソテー……11
豚肉と白菜の重ね煮……48
もやしのカレースープ……30
ゆで豚と水菜のピリ辛みそあえ……51
ゆで豚のにらソース……11
ラク早チンジャオロースー……137
れんこんと豚こまの和風みそいため……142
● 豚バラ肉
かぶと豚バラ肉の塩いため……144
さつまいもとカリカリ豚の塩いため……140
塩もみ白菜と豚肉のいため物……124
セロリと豚の塩チャーハン……173
大根の豚肉アジアン巻き……44
ちくわの肉巻き照り焼き……25
豚バラ肉巻きブロッコリーのレンジ蒸し……45
細切りポークとミニトマトのスープ煮……53
● 豚ロース厚切り肉
豚ロース肉の立田揚げ……46

鶏肉

● 鶏胸肉
オクラなすチキンロール……12
チキンソテー入りコールスロー……59
チンゲンサイと鶏肉の煮物……135
トマトとポテトのスタミナ焼き……129
鶏ごぼうから揚げ……143
鶏ごまマヨネーズあえ……168
鶏肉と桜えびの塩いため……15
鶏肉とトマトのイタリアンソテー……14
鶏肉と白菜のケチャップいため……59
鶏肉のせん切りポテトフライ……13
鶏胸肉と小松菜のクリーム煮……13
鶏胸肉と大根のペペロンチーノ風……14
蒸し鶏とセロリのサラダ……15
蒸し鶏とトマトのサラダ……63
蒸し鶏ビビンバごはん……180
● 鶏もも肉
油揚げとキャベツのさっと煮……101
から揚げごまねぎソース……60
キャベツと鶏肉のみそいため丼……178
キャベツと鶏の煮込みうどん……182
サクサクマヨから……60
さつまいもと鶏肉の煮物……140
シンプル筑前煮……54
スピードポトフ……57
鶏から揚げとなすの南蛮漬け……61
鶏から甘酢いため……61
鶏じゃが……133
鶏肉といんげんの甘辛煮……55
鶏肉とカリフラワーのカレークリーム煮……56
鶏肉と長いものさっぱり煮……55
鶏肉と水菜、エリンギのスープ煮……57
鶏肉のコーンシチュー……56
鶏肉のパプリカ蒸し焼き……62
鶏のカレーから揚げ……61
鶏のふっくらフライパン酒蒸し……62
白菜と鶏肉のさっぱり煮……125
麩のコンソメスープ仕立て……118
焼き鳥味のチキンソテー……58
● 鶏手羽先・手羽中・手羽元
大豆と手羽先のしょうゆ煮込み……110
手羽元とキャベツのワイン蒸し……63
手羽元と大根のこっくり煮……54
鶏のシンプル塩いため……58
骨つき肉とれんこんのトマト煮……57
● 鶏骨つきぶつ切り肉
キャベツと鶏肉のポトフ風……123
● 鶏ささ身
オクラのねばねばサラダ……149
ささ身となすの甘酢いため……59
ささ身とブロッコリーの薄くず煮……77
ジャンボ茶わん蒸し……86
チンゲンサイのバンバンジーソース……150
冷ややっこ　ささ身ゆずこしょう……96
蒸し鶏ともやしのナムル風……63

ひき肉

● 豚ひき肉
揚げなすとパプリカの肉みそがけ……18
アスパラガスとしめじのサッと煮……41
いんげん&チーズギョーザ……39
エスニックはるさめサラダ……116
皮なし簡単シューマイ……16
切り干し大根の卵いため……167
高野どうふの卵含ませいため……118
ごぼう入りポークつくね……17
小松菜入り水ギョーザ……38
ごま風味の麻婆どうふ……93
スペイン風オムレツ ナンプラーだれがけ……84
節約ジューシーギョーザ……39
大豆と豚ひきのトマト煮……110
タコライス　目玉焼きのっけ……178
玉ねぎカレーギョーザ……39
チンゲンサイとひき肉の油いため……135
包まない　焼きギョーザ……38
トマト麻婆どうふ……93
長いもとひき肉のレンジ蒸し……141
夏野菜のロールバーグ……17
肉だね入り厚揚げと小松菜のめんつゆ煮……22
肉詰めピーマンの中華風レンジ蒸し……36
にらともやしのひき肉あん……19
にら麻婆どうふ……93
ねぎたっぷり和風ギョーザ……39
ひき肉ときのこのマスタードマリネ……158
ひき肉とキャベツのビーフン……18
ひき肉とにんじんのきんぴら……41
麩入りギョーザ……118
豚ひき麻婆もやし……28
プチだんごと水菜の中華スープ……19
麩麻婆の卵とじ……118
麻婆大根……120
麻婆はるさめなす……130
目玉焼きのせ焼きそば……184
もやし入りだんごの照り焼き……29
ゆで卵ハンバーグ……34
レタスと卵のオイスターソースいため……134
レタスとひき肉の辛みそいため……134
レタスと豚ひき肉のシャキシャキ焼きそば……184
れんこん入りハンバーグ大根おろし添え……35
● 鶏ひき肉
かぶの肉詰めポトフ……40
韓国風のなすの肉詰め……130
しいたけのひき肉詰め照り焼き……36

料理指導

相田幸二　池上保子　井澤由美子　石澤清美　伊藤睦美　今泉久美
岩﨑啓子　植木もも子　上田淳子　植松良枝　浦上裕子　枝元なほみ
大石みどり　大庭英子　小川聖子　上村泰子　河村みち子　杵島直美
栗山真由美　検見﨑聡美　河野雅子　小林まさみ　コマツザキアケミ
斉藤真紀　坂田阿希子　重信初江　祐成二葉　鈴木登紀子　瀬尾幸子
高城順子　滝沢真理　田口成子　舘野鏡子　中神典子　夏梅美智子
浜内千波　樋口秀子　平野由希子　藤井　恵　藤田雅子　藤野嘉子
フードアイ　ほりえさわこ　堀江ひろ子　堀江泰子　牧原淳子　松田紀子
間野実花　武蔵裕子　森 洋子　吉田瑞子　脇 雅世　渡部和泉

表紙デザイン　大薮胤美（フレーズ）
本文デザイン　菅沼充恵
表紙の料理　検見﨑聡美
表紙スタイリング　肱岡香子
表紙撮影　梅澤 仁
本文撮影　青山典子　赤坂光雄　浅井清司　井坂英彰　宇津木 章
榎本 修　大槻 茂　岡本真直　川上隆二　工藤雅夫
工藤正志　白根正治　高田 隆　高橋武史　田村智久
中里有利　橋本 哲　山本明義　吉原 浩
主婦の友社写真室（佐山裕子　千葉 充　松木 潤　山田洋二）
編集　和田康子
進行アシスタント　宮下恵里子
編集デスク　藤岡眞澄（主婦の友社）

主婦の友新実用BOOKS

食《しょく》費《ひ》が減《へ》るおかずBEST500

2010年3月10日　第1刷発行

編　者　主婦の友社
発行者　荻野善之
発行所　株式会社 主婦の友社
〒101-8911　東京都千代田区神田駿河台2-9
電話（編集）03-5280-7537
（販売）03-5280-7551
印刷所　大日本印刷株式会社

■乱丁本、落丁本はおとりかえします。お買い求めの書店か、主婦の友社資材刊行課（電話03-5280-7590）にご連絡ください。

■記事内容に関するお問い合わせは、主婦の友社出版部（電話03-5280-7537）まで。

■主婦の友社が発行する書籍・ムックのご注文、雑誌の定期購読のお申し込みは、お近くの書店か主婦の友社コールセンター（電話049-259-1236）まで。

＊お問い合わせ受付時間　土・日・祝日を除く　月～金　9:30～17:30

主婦の友社ホームページ　http://www.shufunotomo.co.jp

ISBN978-4-07-270739-5